KB272446

마음 폭풍

마음 폭풍

서해문집 청소년문학 044

초판 1쇄 발행 2026년 4월 17일

지은이　　정명섭 조경아 천지윤 최하나
펴낸이　　이영선
책임편집　조유진 김종훈

편집　　　이일규 김선정 김문정 김종훈 이현정 조유진
디자인　　김회량 위수연
독자본부　김일신 손미경 정혜영 김연수 김민수 박정래 김인환

펴낸곳 서해문집 | 출판등록 1989년 3월 16일(제406-2005-000047호)
주소 경기도 파주시 광인사길 217(파주출판도시)
전화 (031)955-7470 | 팩스 (031)955-7469
홈페이지 www.booksea.co.kr | 이메일 shmj21@hanmail.net

서해문집
청소년문학
044

마음 폭풍

정명섭

조경아

천지윤

최하나

서해문집

| 차례 |

완벽한 소녀

정명섭

정명섭　대기업 샐러리맨과 바리스타를 거쳐 작가로 활동 중이다. 역사에 관심이 많으며, 사람들이 잘 모르는 역사에 관해 이야기하는 것을 좋아한다. 2013년 《기억, 직지》로 제1회 직지소설문학상 최우수상, 2016년 《조선변호사 왕실소송사건》으로 제21회 부산국제영화제 NEW 크리에이터상, 2020년 《무덤 속의 죽음》으로 한국추리문학상 대상을 받았다.

지은 책으로 《미스 손탁》《어린 만세꾼》《빙하 조선》《1987 소년 야구단》《기억을 달리는 소년》《저수지의 아이들》 등이 있고, 함께 지은 책으로 《취미는 악플, 특기는 막말》《주먹 쥐고 일어서》《대한 독립 만세》《종말 후 첫 수요일, 날씨 맑음》 등이 있다.

“야! 완소미 어디가?”

미란이는 가방을 챙겨서 교실에서 나가려다가 고개를 돌렸다.
거울을 보며 머리를 넘기던 짝꿍 혜인이의 목소리였다.

“왜? 따라오게?”

“완벽한 너를 어떻게 따라가겠어. 그냥 궁금해서.”

“정아 찾으러 가.”

“걔는 좀 위험하지 않아?”

“내가 전학 도우미잖아. 위험해도 도와야지.”

미란이의 대답을 들은 혜인이가 거울을 가방에 넣으며 대꾸했다.

“완소미가 상처 입을까 봐 걱정돼서 그러지.”

“알아.”

“좀 전에 나가는 거 같던데? 도서관에 갔을 거야. 걔는 책을 엄청 좋아하더라. 이상할 정도로 말이야."

"책을 좋아하는 게 왜 이상한 건데?"

"아, 너도 책을 좋아하지. 미안."

혜인이의 얘기는 농담과 긁는 것의 중간쯤에 위치해서 늘 불편했다. '완벽한 소녀 미란'의 줄임말인 '완소미'라는 별명도 혜인이가 지어 준 것이었다. 처음에 웃고 넘어가자 이제는 아이들은 물론이고 선생님까지 미란이를 완소미라고 불렀다. 그만하라고 말하고 싶었지만 학교 선생님을 잘 따르고 친구들과 문제없이 지내야 한다는 어머니의 말씀 때문에 꾹 참았다. 복도로 나온 미란이는 삼삼오오 모여서 떠드는 아이들 사이를 지나며 정아를 찾았다. 아까 종례가 끝나자마자 가방을 챙겨서 나가는 걸 보고 따라가려 했는데 혜인이가 말을 걸면서 놓치고 말았다.

"어디 갔지?"

아랫입술을 깨문 미란이는 중앙 홀 쪽으로 향했다. 서울 남쪽의 신도시인 월령시에 지어진 월령여고는 짧은 시간 만에 명문 학교로 자리 잡았다. 남학생과 엮일 일이 없다는 것에 매력을 느낀 많은 부모가 앞다퉈서 딸을 입학시킨 탓이다. 미란이 역시 어머니의 극성 덕분에 집에서 꽤나 멀리 떨어진 월령여고로 입학해야만 했다. 미란이가 중학교에 입학할 즈음 치과 의사인 아버지가 집을 나갔고, 어머니는 미란이가 중학교 2학년이던 때 정식으로 이혼했다. 아버지는 새로 사귄 여자와 함께 동탄으로 가서 새로운 치과를 열었다. 드라마 작가였던 어머니는 지금은 작가 지망생들에게 강의를 했다. 하지만 부모님은 외동딸인 미란이에 대해서는 놀라울 정도로 협조했다. 졸업식과 입학식 그리고 운동회 때, 아버지는 항상 활짝 웃으며 나타났다. 그래서 다들 미란이가 한 부모 가족이라는 걸 꿈에도 생각하지 못했다. 부모님의 공통점은 또 있었는데 바로 엄청난 완벽주의자라는 것이다. 어머니는 현역 작가 시절, 자신의 대본대로 연기하지 못하는 배우에게 불같이 화를 낸 적이 많았다. 아버지 역시 대학교수 시절 제자들에게 저승사자라는 별명으로 불렸다고 아버지 친구분이 슬쩍 얘기한 적도 있었다. 덕분에 미란이는 어린 시절부터 모든 걸 완벽하게 해내야 한다는 압박을 받았다. 성적은 물론이고 대인 관계와 학교생활까지 흠잡을 부분이 없어야 한다는 게 두 분의 공통된 의견이었다. 두 사람 모두 그런 모습을 보여 줬기 때문에 미란이로서는 따라갈 수밖에 없었다. 덕분에 학교에서는 혜인이 말대로 '완벽한 소녀 미란'이라는 달갑지 않은 별명으로 불렸다. 그리고 그 별명대로 모든 게 완벽해야만 했기 때문에 정아를 찾아 헤매는 중이었다.

"대체 어디 간 거지?"

학교 본관 제일 끝에 있는 도서관에 가 봤지만 정아는 보이지 않았다. 낙담한 미란이를 본 사서 선생님이 안경을 추켜올리며 물었다.

“누굴 찾니?”

“정아요. 육정아.”

“전학 온 아이?”

“네.”

미란이는 대답을 하는 순간에도 도서관을 다시 둘러봤다. 그런 미란이에게 사서 선생님이 또 물었다.

“네가 전학 도우미구나?”

“네, 일주일 동안은 제가 챙겨 줘야 해요.”

월령시는 신도시였고, 월령여고도 개교한 지 얼마 되지 않아 전학생들이 계속 들어오는 중이었다. 재작년에 새로 부임한 교장 선생님은 전학 온 친구에게 기존 학생 한 명을 전학 도우미로 붙이는 교칙을 세웠다. 전학 도우미는 일주일 동안 전학생이 학교에 적응할 수 있게 친구도 소개해 주고 같이 밥도 먹어 줘야만 했다. 귀찮긴 하지만 생활 기록부에 올라가는 일이라서 은근히 경쟁이 치열했다. 미란이는 2학년이 될 때까지 세 번의 전학 도우미를 완벽하게 해냈다. 그래서 이번에도 전학 도우미로 뽑혔는데 이런 예상치 못한 문제가 발생했다. 초조해하는 미란이에게 사서 선생님이 말했다.

“정아 좀 전까지 있다가 나갔어.”

“어디로 갔는지 아세요?”

“루프톱에 간다고 했어.”

"옥상이요? 거긴 잠겨 있잖아요."

작년에 시험을 망친 3학년 언니가 옥상에 올라가서 뛰어내리려고 한 적이 있었다. 다행히 일찍 발견되어 사람들이 소리치며 말리는 바람에 뛰어내리지 않았고, 소방차가 와서 고가 사다리로 그 언니를 끌어 내렸다. 그날 이후 학교에서는 방수 공사를 이유로 옥상 출입을 금지했고, 1년이 지난 지금도 문은 굳건히 잠겨 있었다. 전학생에게도 가장 먼저 알려 주는 내용이라 정아가 모를 리 없다고 생각하는 미란이에게 사서 선생님이 대답했다.

"신관 쪽 제일 끝 시청각실 있잖아."

"네."

"거기에서 옥상으로 통하는 문이 어제부터 열려 있다고 그랬어."

"누가요?"

"정아가."

"맙소사. 걔는 왜 가지 말라는 옥상을 가는 거예요?"

미란이가 짜증을 내자 사서 선생님이 걱정스러운 표정을 지으며 말했다.

"절대 안 된다고는 했는데 하늘을 보고 싶다고 했어. 푸른 하늘."

미란이는 이해가 가지 않는다고 속으로 투덜거리면서도 사서 선생님에게 고맙다는 인사를 하고 밖으로 나왔다. 복도에 있는 엘리베이터 근처에 3학년 언니 몇 명이 모여서 주변을 살피는 중이었다. 요즘 학교에서 유행하는 엘리베이터 챌린지를 하는 것 같았다. 4층짜리 건물이지만, 선생님과 외부 강사 그리고 장애를 가진 친구들이 탈 수 있는 엘리베이터가 있었다. 일반 학생들이 타는 것은 금지되어 있었고, 만약 탔다가 걸리면 벌점을 맞았다. 그런데 선생님에게 들키지 않고 엘리베이터를 타는 챌린지가 올 초부터 유행했다. 만약 세 번까지 걸리지 않고 탔다가 내리면 마라탕을 얻어먹는 것이었다. 주변을 돌아보던 3학년 언니들은 엘리베이터의 문이 열리자 우르르 타려고 하다가 갑자기 비명을 질렀다. 엘리베이터에서 선생님들 중 가장 무섭다는 3학년 국어 선생님이 내렸기 때문이다. 선생님은 흩어져서 도망치려는 3학년 언니들을 불러 세워 놓고 혼을 내기 시작했다. 미란이는 그 옆을 지나 계단으로 올라갔다. 1층에서 4층까지 올라간 다음에 본관과 붙어 있는 신관까지 한참 걸어야만 했다. 학교가 끝나면 곧바로 학원에 가야 했지만 일단 전학 도우미 일을 잘 해내는 게 중요했다.

'완벽해야 하잖아.'

힘들고 지칠 때마다 주문처럼 외우는 말을 되뇐 미란이는 시청각실 앞에 도달했다. 옥상으로 올라가는 비상문이 보였다. 보통 때라면 이 비상문부터 잠겨 있는데 어찌 된 까닭인지 손으로 밀자 마치 마법처럼 스르륵 열렸다. 거기에는 위로 올라가는 계단이 펼쳐져 있었다. 조명이 꺼진 데다가 창문 같은 게 없어서 오후임에도 불구하고 어두컴컴했다. 다행히 초록빛 비상등이 곳곳에 있어서 그것을 따라 올라갈 수 있었다. 계단참을 한 번 지나자 옥상 문이 보였다. 월령여고를 1년 반 넘게 다녔지만 옥상에 올라간 적은 한 손으로 꼽을 정도였다. 그래서인지 굳게 닫힌 문이 낯설고 두려웠다. 허락받지 않은 일을 해서는 안 되고, 가서는 안 될 장소는 가지 말아야 한다는 이야기를 너무 많이 들었던 탓이다.

“하지만 완벽한 전학 도우미라면 저 문을 열고 나가야겠지?”

잠시 고민하던 미란이는 두 손으로 두꺼운 철문을 밀었다. 거짓 말처럼 문이 밖으로 열리면서 옥상의 햇빛이 미란이의 두 눈에 쏟아졌다. 햇빛의 공격에 잠깐 멈춰 선 미란이의 귀에 정아의 목소리가 들려왔다.

“왔어? 올 줄은 알았는데, 좀 늦었네.”

정아는 동그란 선글라스를 쓰고 선베드 같은 데에 누워서 햇빛을 쬐고 있었다. 그 모습만 보면 학교 옥상이 아니라 마치 동남아나 태평양의 어느 해안가에 놀러 온 것 같았다. 어처구니가 없어진 미란이가 가까이 다가갔다.

“여기서 뭐 해?”

“뭐 하긴, 햇빛 쬐고 있지. 너는 하루 중에 하늘을 얼마나 올려다봐?”

정아의 물음에 미란이는 하늘을 올려다봤다. 그러고 보니 오늘 처음 하늘을 올려다봤다는 것이 떠올랐다. 하지만 어쩐지 사실대로 말하면 자존심이 상할 것 같아서 거짓말을 했다.

"여러 번 봤어."

"그런 거치고는 너무 그늘져 있어."

어떻게 대꾸해야 할지 주저하던 미란이가 문 쪽을 가리키며 말했다.

"여긴 올라오면 안 돼. 어서 내려가자."

"왜 안 되는데?"

"그건….'

곧바로 대답이 떠오르지 않자 미란이는 길게 숨을 내쉬었다. 사실 옥상에 올라오지 말아야 할 이유는 딱히 없었다. 그냥 사고가 나는 걸 걱정한 학교 측의 결정일 뿐이었다. 미란이가 우물쭈물하자 정아가 선글라스를 벗고 쳐다봤다.

"시키는 대로 살면 편해?"

여러 가지 의미가 담긴 물음이라 미란이는 이번에도 생각해야만 했다. 때마침 불어온 바람에 교복 치마가 나풀거렸다. 한 손으로 치맛자락을 잡은 미란이가 대답했다.

"시키는 대로 살아야지. 우리는 학생이니까 규칙을 잘 지켜야 해. 어서 내려가자. 허락 없이 여기 올라오면 벌점이야."

"내가 앉아 있는 선베드가 무슨 뜻일 거 같아?"

"뭐라고?"

"저기 하나 더 있어. 여기 올라와서 햇빛을 느긋하게 쬐는 사람이 있다는 뜻이지. 규칙은 지키라고 있는 게 맞지만 그런다고 행복해지는 건 아니야.”

엉뚱하면서도 반항적인 대답을 들은 미란이는 할 얘기가 없었다. 그런 미란이를 지켜보던 정아가 선글라스를 도로 쓰면서 말했다.

“다리 안 아파? 선베드 가져와서 앉아.”

“학원 가야 해.”

정아는 대답을 듣지 않고 다시 선베드에 머리를 댔다. 주저하던 미란이는 정아가 가리킨 곳에 있는 접이식 선베드를 챙겨서 옆으로 갔다. 선베드를 펼친 미란이가 주저하면서 옆에 눕자 정아가 하늘을 올려다본 채 말했다.

“네 별명 들었어. 완소미, 완벽한 소녀 미란이라며?”

“별로 좋아하는 별명은 아니야.”

“하지만 티를 못 내잖아. 안 그래?”

정아의 말에 미란이는 이번에도 제대로 대꾸하지 못했다. 그런데 선베드에 눕자 하늘이 너무 잘 보였다. 티끌 하나 없는 파란 하늘을 보면서 저도 모르게 한숨을 내쉬었다. 그런 미란이에게 정아가 말했다.

“올더스 헉슬리라는 아저씨가 있었거든.”

“멋진 신세계를 쓴 작가?”

미란이의 대꾸에 정아가 어색하게 웃었다.

“그건 잘 모르겠고, 그 아저씨가 한 얘기가 있어.”

"뭔데?"

"이 세상은 또 다른 존재들이 만든 지옥이라고 말이야."

"그게 무슨 뜻인데?"

"그러니까, 지구가 졸라 지옥 같은 이유는 진짜로 지옥이라서 그렇다는 거지. 대충 그런 뜻으로 알아 둬."

미란이는 더 따져 묻기에는 지친 상태여서 잠자코 하늘을 올려다봤다. 늦은 오후의 해는 학교 너머 아파트 단지로 사라지기 직전이었는데도 맹렬한 햇살을 뿌려 대고 있었다. 더위와는 다른 따사로움에 미란이는 저도 모르게 몸과 마음 모두 노곤해졌다. 그런 미란이의 모습을 힐끔 본 정아가 입을 열었다.

"편하지? 학원 째고 해 넘어가는 거 보고 가."

"그것도 볼 수 있어?"

"여기 석양 맛집이라니까. 졸라 멋있어."

미란이는 정아의 말을 들으면서 고민에 빠졌다. 몇 년 만에 만끽하는 느긋함에서 빠져나오는 게 어쩐지 싫었기 때문이다. 그런 미란이를 본 정아가 선글라스를 벗어서 건네주었다.

"이거 쓰면 태양을 똑바로 볼 수 있어."

선글라스를 쓴 미란이는 고개를 조금 들어서 아파트 위에 살짝 걸쳐진 태양을 바라봤다. 작고 동그란 반점 같은 태양을 물끄러미 바라보던 미란이에게 정아가 물었다.

"나에 대한 소문은 들었지?"

어쩐지 일탈하고 싶어진 미란이는 용기를 내서 대답했다.

"졸라 많이."

손으로 입을 가리고 웃은 정아가 손을 뻗었다. 선글라스를 건네준 미란이는 손으로 눈 위를 가린 채 석양을 바라봤다. 짙은 핏빛 석양은 눈을 뗄 수 없을 만큼 아름다웠다. 마음이 차분해진 미란이는 입고 있던 교복 주머니에서 울리는 휴대폰 소리에 퍼뜩 정신을 차렸다. 어머니에게서 전화가 오고 있었다. 단숨에 현실로 돌아온 미란이는 심호흡을 크게 하고는 휴대폰을 귀에 가져다 댔다.

"너, 어디야?"

화를 내는 걸 극도로 싫어하는 어머니답게 차분하기 그지없는 목소리였다. 하지만 미란이는 그 단조로운 말투 속에 들어 있는 어머니의 분노를 느꼈다. 계획대로 되지 않는 것을 무엇보다 싫어하는 어머니는 결혼 생활이 실패로 돌아간 이후 극도로 피폐해졌었다. 먹는 걸 거부해서 체중이 40킬로대까지 떨어졌던 엄마의 모습을 기억한 미란이는 잠깐 느꼈던 자유로움을 잊어버렸다.

"친구랑 있어요."

"친구 누구? 왜 학원에 안 간 거야."

"친구랑 얘기하다가 늦어졌어요. 나 전학 도우미라고 말했었는데…."

"아무리 그래도."

휴대폰 너머로 어머니가 숨을 씹어 삼키는 소리가 들렸다. 극도로 화가 났지만 참을 때 내는 소리라서 미란이는 바짝 긴장했다. 앞으로 며칠 동안 집에서 행동을 조심하고 어머니의 눈치를 살펴야 한다는 뜻이었기 때문이다. 어머니의 숨소리가 잦아들기를 기다린 미란이는 얼른 대답했다.

"죄송해요. 학원 갈게요. 친구가 고민거리가 있다고 해서 들어주느라 시간 가는 줄 몰랐어요."

"그래, 새로 전학을 오면 이래저래 고민이 많겠지. 그래도 학원은 늦거나 빼먹으면 안 된다."

"죄송해요. 얘기 다 나눴으니까 이제 학원 갈게요."

"그래, 저녁 잘 챙겨 먹고. 엄마는 오늘 친구 만나서 저녁 먹고 들어갈게."

"네, 저녁 맛있게 드세요."

어머니가 전화를 끊을 때까지 기다린 미란이는 전화가 끊기는 소리가 나자 저도 모르게 한숨을 쉬었다. 그런 미란이를 물끄러미 바라보던 정아가 말했다.

"평온하시네."

"우리 어머니는 화 안 내서."

"손을 엄청 떨던데. 휴대폰 쥔 손 말이야."

귀에 댄 손을 가볍게 떨며 정아가 얘기했다.

"내가 잘못한 거니까. 가서 진심으로 사과해야지."

가방을 어깨에 멘 미란이가 말했다.

"선생님한테는 이르지 않을 테니까 얼른 내려가. 내일 보자."

정아는 순순히 알겠다고 대답하고는 도로 선베드에 누웠다. 대놓고 무시하는 것 같은 태도에 미란이는 짜증이 나긴 했지만 일단 학원을 가는 게 급했기 때문에 문을 열고 계단을 내려갔다. 어두컴컴한 계단을 내려가는 내내 심기가 언짢을 어머니와 어떻게 마주쳐야 할지 걱정과 고민이 밀려왔다. 계단을 내려온 미란이는 조심스럽게 현실로 돌아왔다. 서둘러 운동장을 가로질러 교문으로 가던 미란이는 걸음을 멈추고 아파트 뒤로 넘어가는 태양을 바라봤다. 하지만 운동장에서 태양은 잘 보이지도 않았고, 볼품도 없었다.

"멋이 없네."

그리고 선베드에 누운 정아가 있을 옥상을 바라봤다. 거기에서는 석양이 찬란하고 아름답게 보일 것이라는 생각이 들었다. 다시 돌아가고 싶다는 충동이 밀려왔지만 꾹 참았다.

학원 수업을 마친 미란이는 집으로 곧장 돌아왔다. 아까 정아가 멋지게 해가 넘어간다고 말한 아파트 단지가 미란이가 어머니와 사는 곳이었다. 미란이는 비밀번호를 누르고 아파트 1층 현관을 지나 엘리베이터를 타고 14층으로 들어갔다. 낮에 청소를 해 주시는 아주머니가 왔다 갔는지 집안은 깨끗하게 치워져 있었다. 하지만 혹시 몰라서 로봇 청소기를 다시 돌리고 싱크대와 식기세척기를 살폈다. 집 안을 다 둘러보고서야 미란이는 방으로 들어갔다. 그리고 책상에 앉아서 참고서와 교과서를 펼쳤다. 하지만 글씨는 눈에 들어오지 않았고 오직 시간이 흘러가는 것만 느껴졌다. 견디다 못한 미란이는 결국 휴대폰을 켜고 아버지의 SNS 계정을 살폈다. 원래는 SNS에 병원 홍보용 게시물만 간간이 올리던 아버지가 재혼 후부터는 일상 사진도 활발하게 올리고 있었다. 며칠 전에도 재혼한 여자와 함께 골프를 치는 사진을 올렸다. 좀처럼 보지 못해서 그런지, 활짝 웃는 아버지의 얼굴이 몹시 낯설었다. 재혼한 여자는 아버지의 병원에 남편과 함께 왔던 보호자였다. 그러다가 아버지와 여자가 사랑에 빠졌고, 양쪽 다 배우자와 이혼하고 재혼을 했다. 어머니는 자신의 마음을 털어놓는 아버지에게 말했다.

"나쁜 폭풍이 불었네요. 당신에게."

아버지는 그동안 버티느라 힘들었다며 미안하다는 말과 함께 간단하게 짐을 꾸려 집을 떠났다. 오랜 기간 이어진 지루한 이혼 소송은 결국 법정 밖에서 협의가 이뤄지며 끝이 났다. 아버지가 집과 상당수의 위자료를 어머니에게 주었고 미란이의 양육비까지 책임졌기 때문에 생활에는 아무런 문제가 없었다. 하지만 아버지의 부재는 미란이를 옥죄었고, 실패를 두려워하는 어머니에게 큰 상처가 되었다. 그래서 집에서는 어떤 일이 있어도 아버지를 언급할 수 없었다. 미란이는 자신이 아버지의 SNS를 보는 걸 어머니가 알면 어떤 반응일지 상상도 가지 않았다. 하지만 조마조마한 심정으로 아버지의 SNS를 계속 들여다봤다. 재혼한 여자와 서울 전경이 내려다보이는 고층의 레스토랑에서 식사를 하는 사진도 있었다. 와인 잔을 든 아버지의 얼굴에는 역시 웃음꽃이 활짝 피어 있었다.

"아버지는 우리를 떠나서 행복하신 건가?"

믿고 싶지 않은 이야기였지만 기억나지도 않는 미소 앞에서는 생각이 복잡했다. 어머니는 이혼을 실패로 받아들였고, 그 실패에 대한 보상을 미란이에게서 얻으려고 했다. 성적은 물론이고 학교생활에도 어떠한 문제점이 없기를 바라는 어머니의 마음은 폭풍 같은 압박으로 밀려왔고, 미란이는 지칠 대로 지친 상태였다. 그때마다 고 2니까 1년만 참자고 생각했지만 쉽지 않았다. 행복해 보이는 아빠의 모습을 휴대폰으로 물끄러미 보던 미란이는 현관문이 열리는 소리에 화들짝 놀랐다. 서둘러 휴대폰을 끈 미란이는 허둥지둥 밖으로 나갔다. 마침 현관의 중문을 열고 들어온 어머니가 피곤한지 곧장 소파로 가서 앉았다. 미란이는 재빨리 부엌에 있는 정수기에서 물을 따라서 가지고 나왔다. 건네받은 물을 벌컥벌컥 마신 어머니는 맞은편에 조심스럽게 앉은 미란이를 바라봤다.

"어떤 친구니?"

"정아라고 며칠 전에 전학 왔어요. 적응을 잘하지 못해서 국어 선생님이 저한테 전학 도우미를 해 주라고 했고요."

"벌써 여러 번 했잖아."

"그래서 안 한다고 했는데요. 저밖에 없다고 부탁하셔서….”

미란이는 기어들어 가는 목소리로 변명하며 고개를 숙였다. 이제 남은 건 어머니의 결정뿐이었다. 벽에 붙은 전자시계가 깜빡거리는 소리는 물론이고, 공기 청정기가 돌아가는 소리까지 들을 수 있을 정도로 고요했다. 마침내 어머니의 목소리가 들렸다.

“알았어. 학교생활을 잘하는 것도 중요하고, 선생님이 시키는 걸 잘하는 것도 필요해. 하지만 학원을 빼먹으면 곤란해.”

“알겠어요. 어머니.”

“나쁜 폭풍에 휩쓸리면 안 되는 거야. 그러면 진짜 위험해져.”

깜짝 놀란 미란이는 고개를 들어서 어머니를 바라봤다가 혹시나 기분을 상하게 할까 봐 얼른 고개를 숙였다. 다행히 어머니는 딴 곳을 보고 있어서 미란이의 행동을 눈치채지 못했다. 팔짱을 낀 어머니가 흐릿하게 중얼거렸다.

“나쁜 폭풍 말이야.”

어머니가 평소와 조금 달라 보였던 이유를, 밤늦게 친구와 통화하는 것을 엿들으며 알 수 있었다. 어머니는 강연 준비를 하거나 줌으로 강연을 할 때 쓰는 서재에서 통화를 했는데 문이 살짝 열려 있어서 화장실을 갔다 오던 미란이가 얘기를 듣게 됐다. 문제는 어머니가 낮에 만난 PD 출신의 제작사 대표 때문에 생긴 거였다. 어머니의 결혼식 때 왔었던 그분이 어머니가 이혼한 줄 모르고 주

야장천 아버지 얘기를 한 것이다. 평정심이 무너진 어머니는 엄청 짜증을 내면서 친구에게 밤늦도록 하소연을 하는 중이었다. 미란이는 어머니의 복잡하고 고통스러운 심정이 어느 정도 이해가 갔다. 조용히 방으로 돌아온 미란이는 컴퓨터 앞에 앉았다. 손에 잡히지 않았지만 억지로라도 공부를 해야만 했다. 그런데 잠시 후에 혜인이에게서 톡이 왔다. 다른 때라면 별로 반갑지 않았겠지만 공부를 하지 않을 핑계를 찾고 있던 미란이는 반가운 마음이 들었다.

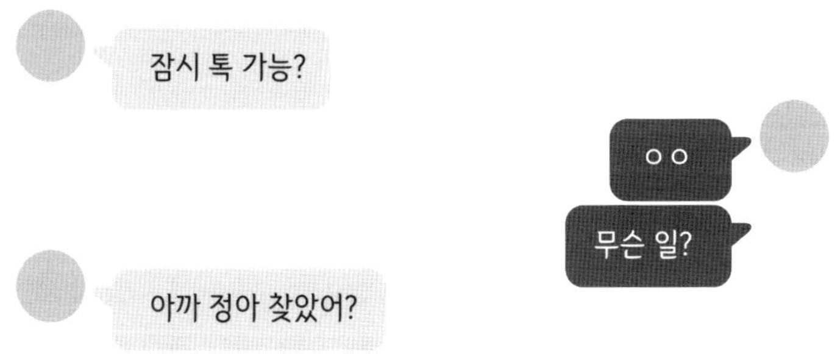

올라가지 못하게 되어 있는 옥상에 갔다는 사실이 떠오른 미란이는 잠시 생각을 정리한 후 톡을 보냈다.

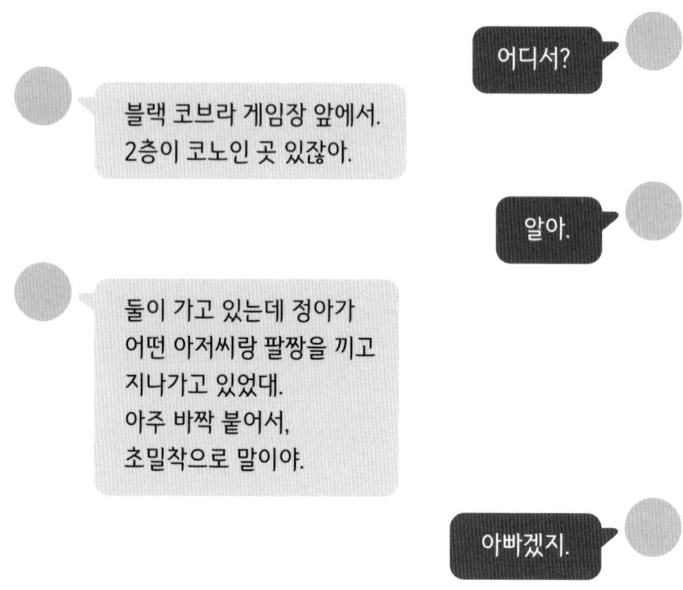

무슨 소리인가 싶어서 아빠일 거라고 대답했지만 곧바로 충격적인 톡이 왔다.

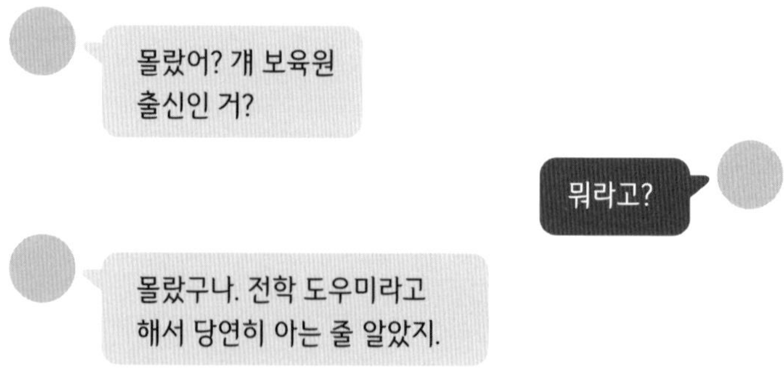

이번에도 긁혔지만 그게 중요한 게 아니었다. 전화 통화를 하고 싶다는 충동을 가까스로 억누른 채 서둘러 톡을 남겼다.

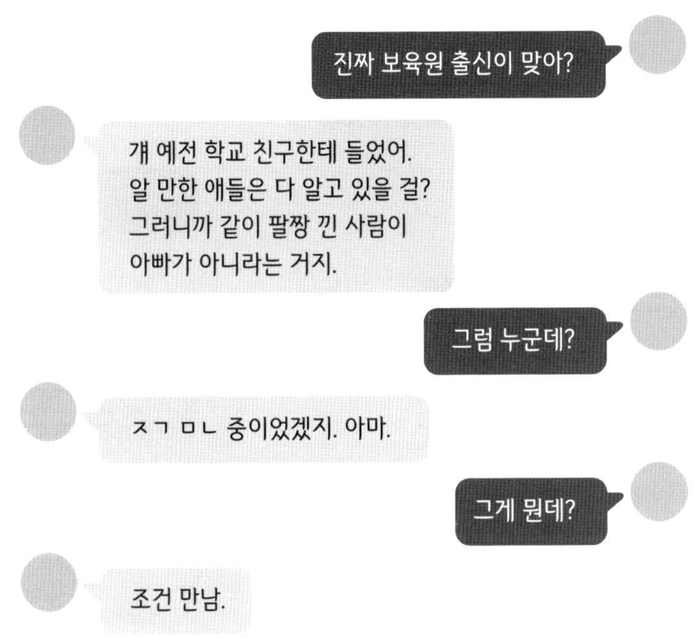

미란이는 순간적으로 놀라서 입을 다물지 못했다. 중학생 때 같은 학교 친구가 협박을 당해서 조건 만남을 했다가 경찰에게 체포된 일이 있어서 미란이도 잘 알고 있었다. 옥상에서 만난 정아는 어쩐지 자유분방하면서도 어른스러웠는데 혹시 부모 없이 자라고, 조건 만남을 하면서 생긴 태도가 아닐까 하는 상상까지 하게 되었다. 머리가 한층 더 복잡해진 미란이는 한 손으로 이마를 짚은 채 휴대폰 화면을 바라봤다. 뭐라고 답장해야 할지 고민하는데 혜인이에게서 먼저 톡이 왔다.

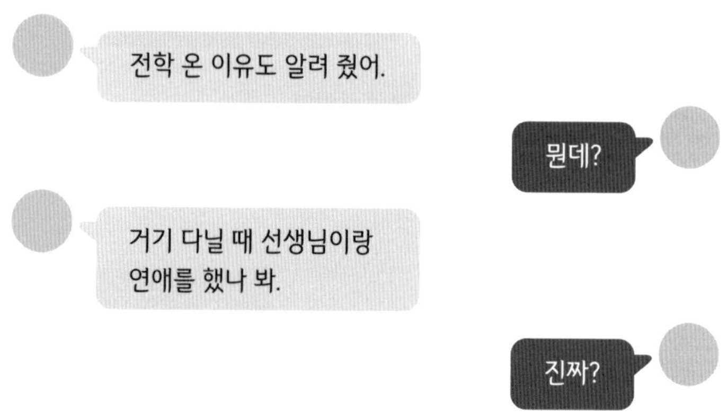

입이 다물어지지 않을 정도로 충격적인 얘기였지만 조건 만남이 사실이라면 선생님과의 연애도 불가능한 일은 아닐 것 같았다. '하필'이라는 말이 입에서 저절로 튀어나왔다.

혜인이의 톡을 보면서 머리가 더 아파 왔다. 선생님에게 얘기하기에도 애매한 문제고 그렇다고 모른 척 넘어가기에도 어려운 문제였다. 거기다 그걸 묻는 혜인이가 얄미웠다.

그걸로 톡은 끝났다. 미란이는 머리가 지끈거렸다. 전학 도우미는 일주일 동안 전학 온 친구를 도와주는 역할을 했다. 그런데 따돌림에 동참하게 되면 정아와 말을 할 수 없게 되는 것이고, 그러면 선생님이 이상하게 여길 게 분명했다. 나중에 상황을 설명하기 위해서는 방금 혜인이에게 들은 얘기를 정아에게 직접 확인해야 한다는 결론에 도달했다.

"엄청 센 폭풍이 몰아치겠네."

예상치 못한 상황에 미란이는 깊은 한숨을 내쉬었다. 머리가 지끈거려서 도저히 공부를 할 수 없을 것 같았다. 하지만 성적이 안 나오면 어머니한테 또다시 혼이 날 수 있어서 꾹 참고 문제집을 펼쳤다.

이튿날, 아침에 눈을 뜬 미란이는 창문을 뚫고 들어온 햇살을 보고 눈을 질끈 감았다. 학교에 가기 싫었지만 가야 할 시간이 온 것이다. 늦게 움직이면 어머니가 화를 낼 수도 있기 때문에 미란이는 억지로 몸을 일으켰다. 거실로 나오자 어머니가 부엌에서 믹서를 돌리는 소리가 났다. 인기척을 느낀 어머니가 부엌의 커튼 너머에서 고개를 내밀었다.

"얼른 씻고 와."

화장실에서 서둘러 세수를 한 미란이는 식탁 앞에 앉았다. 머리를 감았는지 수건을 둘러 올린 어머니가 믹서에 간 주스를 컵에 담아서 미란이 앞에 내놨다. 색깔로 봐서는 케일과 당근이 들어간 거 같았는데 미란이가 싫어하는 채소들이었다. 하지만 싫어하는 티를 낼 상황이 아니라 잠자코 마셨다. 미끌거리는 느낌이 너무 기분 나빴지만 어쩔 수 없었다. 억지로 주스를 다 마신 다음에 어머니가 건넨 영양제를 삼켰다. 어머니는 항상 아침은 간소하게 먹어야 한다고 생각했기 때문에 미란이 역시 아침은 주스에 바나나 하나 정도가 전부였다. 간단히 배를 채우고 씻고 나온 미란이는 학교에 갈 준비를 했다. 교복을 입고 현관으로 향하는 미란이에게 어머니가 말했다.

"오늘은 학원 늦지 마."

알겠다고 얼른 대답한 미란이는 밖으로 나왔다. 차라리 매를 맞는 게 나을 것 같다는 생각이 들 정도의 잔소리는 피했다. 물론, 나중에 실수를 하면 어머니는 오늘 일을 다시 끄집어내겠지만 당장은 그냥 넘어간다는 생각에 미란이는 기뻤다. 하지만 엘리베이터를 타고 1층으로 나오자마자 다시 기분이 우울해졌다.

"학교 가면 난리 나 있을 텐데. 진짜."

혜인에게서 시작된 것이라면 이미 어제 저녁에 반 전체는 물론이고, 학교 전체에 퍼졌을 가능성이 높았다. 이런 상황일 때는 줄을 잘 서야만 했다. 착한 아이로 보이는 것도 중요하지만 까딱하다가 이상한 일에 휩쓸려서 어머니가 학교에 불려 오는 상황은 진짜 피하고 싶었기 때문이다. 시험공부보다 수백 배 어렵고 힘든 일이고, 혜인이처럼 밉살스러운 친구의 비위도 맞춰 줘야 하는 일이라 생각만 해도 머리가 아팠다. 학교라도 멀었으면 등굣길에 생각을 정리할 텐데 월령여고는 '아품학' 그러니까 아파트의 품에 안긴 학교라서 횡단보도를 몇 개 건너면 바로 교문이 보였다.

'차라리 교통사고라도 났으면 좋겠네.'

횡단보도에서 주변을 돌아봤지만 아파트 단지 안 도로에는 차도 잘 보이지 않았고, 그나마 있는 차들도 과속을 하지 않았다. 고개를 푹 숙인 채 걸어가던 미란이는 마침내 교문 앞에 도착했다. 교복을 입고 가방을 멘 학생들이 삼삼오오 모여서 교문을 통과했다. 미란이는 축 처진 어깨를 추스르며 교문을 지나갔다. 인조 잔디가 예쁘게 깔린 운동장을 지나 본관으로 들어설 때까지 미란이는 온갖 상상을 했다.

"좀비가 나타나거나, 외계인이 쳐들어오거나, 아니면 유성이라도 떨어지거나….."

그때 뒤에서 누군가 와락 덮쳐 왔다. 깜짝 놀란 미란이가 돌아보자 선글라스를 머리에 끼운 정아가 껌을 질겅질겅 씹고 있었다.

"뭘 그렇게 중얼거리는데?"

미란이는 얼른 정아를 밀쳐 버리고 주변을 돌아봤다. 다행히 주변에는 아는 얼굴들이 안 보였다. 미란이는 정아에게 말했다.

"이따가 옥상에서 봐."

"이야, 옥상의 햇살이 달콤했나 봐. 완소미가 달라졌네."

"점심시간에 만나."

서둘러 할 말을 마친 미란이는 그대로 학교 본관을 향해 뛰어갔다. 머리에는 온통 다른 아이들에게 들키지 않아야 한다는 생각뿐이었다. 미친 듯이 교실로 뛰어 들어온 미란이는 숨을 헐떡거리며 자리에 앉았다. 아이들이 들어오면서 금방 교실이 찼다. 미란이는 아이들을 한 명씩 살펴봤다. 다행히 미란이에게 관심을 기울이는 사람은 없었다. 아무도 보지 않았을 것이라는 생각에 안도의 한숨을 쉬려는 찰나, 뒷문을 벌컥 열고 들어온 혜인이가 소리쳤다.

"야! 완소미! 너 정아랑 얘기했어?"

가슴이 철렁 내려앉은 미란이는 두려움을 감추려 화를 냈다.

"무슨 소리야?"

"아까 1학년 후배들이 둘이 붙어 있는 거 봤다던데."

"그, 그건 개가 뒤에서 갑자기 엉겨서 뿌리치고 그러지 말라고 한 거였어. 내가 뒤에 눈이 달린 것도 아닌데 어떻게 피해?"

흥분한 미란이가 목소리를 높이자 혜인이가 살짝 겁을 먹은 눈치였다.

"알았어. 그냥 물어본 건데 왜 그렇게 화를 내?"

때마침 담임 선생님이 들어오실 시간이라 혜인이는 그대로 자리에 앉았다. 학생들 사이에서 무슨 일이 벌어지고 있는지 전혀 눈치채지 못한 담임 선생님은 늘 하던 얘기를 하고 나갔다. 아이들은 담임 선생님이 나가자마자 혜인이에게 몰려들었다. 그리고 어제 톡으로 주고받은 이야기에 대해서 물어봤다. 미란이는 피하고 싶었지만 바로 옆자리인 데다가 다들 몰려오는데 혼자만 빠져나가는 건 어색해 보여서 어쩔 수 없이 들어야만 했다, 관종끼가 있는 혜인이는 아이들이 충분히 모일 때까지 일부러 딴청을 피우다가 채근에 못 이기는 척 입을 열었다.

"처음에는 정아가 왜 전학을 왔는지 궁금했거든. 그래서 개가 다니던 학교에 아는 친구의 친구가 있어서 물어봤는데 말이야."

혜인이가 눈을 크게 뜨고 고개를 절레절레 흔들었다. 내용은 이미 어제 카톡으로 다 퍼졌지만 아이들은 당사자에게 직접 듣고 싶어서 그러는지 귀를 기울이고 있었다. 이번에도 충분히 시선을 만

끽한 혜인이가 말했다.

"진짜 기가 막히지 뭐야."

아이들은 이번에도 제대로 얘기를 해 주지 않자 슬슬 짜증을 냈다. 분위기를 재빨리 감지한 혜인이가 서둘러 덧붙였다.

"사십 대 국어 선생님이랑 팔짱을 끼고 다니다가 걸렸다나 봐. 그것도 학교 안에서."

아이들 사이에서 '우아' 하는 소리가 메아리처럼 퍼져 나갔다. 단숨에 분위기를 휘어잡은 혜인이가 얘기를 이었다.

"그래서 선생님 와이프가 학교로 쳐들어와서 정아 머리끄덩이를 잡고…."

혜인이가 두 손으로 머리채를 잡고 흔드는 시늉을 하자 아이들이 까르르 웃었다. 그러다가 한 친구가 물었다.

"정아네 부모는?"

"얘기 안 했나? 걔 보육원 출신이야."

"진짜?"

물어본 친구가 '어머'라는 감탄사를 뒤에 붙이며 입을 다물지 못했다. 다들 그럴 줄 알았다는 둥 처음부터 이상해 보였다는 식의 얘기를 주고받았다. 조용히 듣고 있던 미란이는 속으로 '그 정도로 관심 있지도 않았으면서'라고 생각했지만 차마 말하지는 못했다. 혜인이는 더 열정적으로 이야기를 풀어 나갔다.

"그리고 말이야. 어제도 걔가 어떤 아저씨랑 팔짱을 끼고 돌아

다니는 걸 본 친구들이 있어. 걔들 얘기로는 정아가 아저씨 팔에 얼굴을 붙이고 다녔대.”

그러면서 자기 팔을 얼굴에 붙였다. 혜인이의 행동에 아이들이 까르르 웃었다. 미란이는 그 모습을 보며 불안해졌다. 아이들은 긴장감 넘치는 학교생활을 해소해 줄 무언가를 끊임없이 찾았다. 새로 전학을 온 데다가 뭔가 이상해 보이는 정아는 그 무언가에 딱 어울렸다. 조건 만남이나 페이 만남이라는 말들이 오고 가면서 정아는 삽시간에 돈을 받고 몸을 파는 여자가 되어 버렸다. 아이들은 신이 난 혜인이의 얘기 속에 푹 빠져들어서 첫 번째 수업을 알리는 종소리가 들리자 아쉬움의 한숨을 내뱉었다.

혜인이가 만들어 낸 폭풍은 점심시간이 되기도 전에 학교를 휩쓸었다. 정아에 대한 얘기는 각자의 상상력이 더해지면서 더 크고 과격해졌다. 위층의 3학년 교실에서는 남자와 동거하는 정아가 되었고, 아래층 1학년 교실에서는 마약까지 복용하는 정아가 되었다. 아이들은 새로 전학 와서 친구가 없고, 보육원에 있어서 항의할 부모도 없는 정아를 마음껏 물어뜯었다. 미란이는 평범한 삶을 위해 입을 다물고 있었지만 직접 보지도 않은 데다가 확인이 필요한 부분들을 마치 사실인 것처럼 얘기하는 아이들이 이해가 가지 않았다.

조마조마한 심정으로 시간을 보내던 미란이는 점심시간이 되자 급식실 대신 옥상으로 갔다. 주위에 아이들이나 선생님이 없는 걸 확인한 미란이는 철문을 열고 들어가 비상계단을 올랐다. 다행히 어제처럼 문이 열려 있어서 옥상으로 나갈 수 있었다. 녹색의 방수 페인트가 칠해진 옥상에는 아직 정아가 없었다. 미란이는 정아를 기다리는 동안 하늘을 올려다봤다. 어떻게 해야 할지는 정해진 거나 다름없었다. 정아에게 상황을 얘기해 주며 양해를 구하고 국어 선생님에게 공부를 핑계로 전학 도우미를 그만두겠다고 말하는 게 최선이었다. 생각을 하면서 바라본 하늘은 어제처럼 구름이 별로 없어서 정말 질리도록 파란색이었다. 넋을 놓고 보는데 문이 열리는 소리가 들렸다. 고개를 돌리자 선글라스를 낀 정아가 보였다. 정아는 곧바로 구석의 선베드를 꺼내서 펼치고 누웠다. 미란이도 옆에 선베드를 펼쳐 놓고 누웠다. 온몸에 햇살이 닿자 단단히 긴장되었던 마음이 눈 녹듯 녹아내렸다. 미란이가 느슨한 한숨을 쉬자 정아가 고개를 슬쩍 돌렸다.

"아까는 왜 그렇게 놀란 거야?"

어떻게 말을 할까 고민하던 미란이의 표정을 살핀 정아가 선글라스를 벗어서 머리에 걸쳤다.

"소문이 퍼진 모양이네."

"무, 무슨 소문?"

"조건 만남 한다는 얘기. 그리고 선생님이랑 연애한다는 내용도."

아무렇지도 않게 말하는 정아를 보면서 미란이는 입을 다물지 못했다. 정아는 그런 미란이를 보면서 피식 웃었다.

"믿니?"

짧은 두 단어였지만 정아의 말은 미란이의 마음에 폭풍을 불러일으키기에 부족함이 없었다. 미란이로서는 상상할 수도 없는 삶이었지만 어쩐지 그런 삶을 사는 정아가 한심스럽거나 위험해 보이지는 않았다. 대답을 채근하는 듯한 정아의 눈빛을 본 미란이가 조심스럽게 물었다.

"소문이 사실이야?"

정아는 한동안 굳은 표정으로 미란이를 바라봤다. 그러다가 갑자기 엄청나게 크게 웃었다. 주체할 수 없는 웃음에 정아의 몸이 흔들렸다. 미친 듯이 웃고 난 정아가 미란이를 쳐다봤다.

"낙태했다는 소문은 안 돌았니? 보육원 원장 아이를 낳았다는 소문은?"

폭탄 같은 질문을 한 정아는 한 번 더 크게 웃었다. 미란이는 우물쭈물하다가 대답했다.

"그런 소문은 못 들었어."

"아쉽네. 원래 소문은 세게 돌아야 제맛인데."

"그래서 사실이야 아니야?"

긴장감 때문에 갈라진 미란이의 목소리를 들은 정아가 혀를 찼다.

"내가 낙태를 하거나 나이 든 사람을 만나는 게 너랑 무슨 상관인데?"

"그, 그게."

"법적으로 처벌받을 일이 있으면 경찰이 나설 거고, 교칙을 위반했다면 학교에서 알아서 하겠지. 왜 같은 학생들이 이래라저래라 하는 거지?"

"그거야 학교의 명예 때문이지."

"언제부터 학교를 그렇게 사랑했는데? 교가도 다 못 부르면서."

"어쨌든 나쁜 짓이야."

미란이의 얘기를 들은 정아가 차갑게 웃었다.

"진짜 나쁜 게 뭔지 알아? 확실하지 않는 걸 사실인 것처럼 부풀리고, 그걸 가지고 또 소문을 마구 퍼트리는 일이지."

정아의 얘기에 혜인이 앞에서 침묵을 지켰던 미란이는 가슴 한 구석이 찔렸다. 그런 미란이를 본 정아가 다정하게 말했다.

"넌 좋은 친구 같아. 그런데 너무 쌓아 두고 살지 마. 그러다 병 걸린다."

"무슨 병?"

"마음이 사라지는 병."

평온해 보이는 정아의 대답을 들으며 더 죄책감이 느껴졌지만 이 상황을 빠져나가기 위해서는 억지로라도 말을 해야만 했다.

"미안한데 상황이 좀 애매해. 국어 선생님한테 전학 도우미를 그만두겠다고 해야겠어. 네가 이해해 줬으면 좋겠어."

미란이는 애써 태연한 척하려고 했지만 목소리는 심하게 떨렸고, 마음은 폭풍이 몰아치는 것처럼 요동쳤다. 정아를 향한 미안함과 정아가 앞으로 겪을 일들에 대한 안타까움 때문이었다. 그런 미란이를 물끄러미 바라보던 정아가 갑자기 선베드에서 벌떡 일어났다.

"다른 건 괜찮은데 너랑은 떨어지기가 싫어."

알 수 없는 말을 남긴 정아는 갑자기 난간 쪽으로 향했다. 혹시나 뛰어내릴지 모른다고 생각한 미란이가 서둘러 따라갔다.

"어디 가?"

정아는 난간을 손으로 짚고 운동장을 내려다봤다. 미란이가 팔을 잡아당겼다.

"이러다 들키겠어."

아닌 게 아니라 점심시간이라 운동장에 모여 있던 아이들이 하나둘씩 옥상에 있는 정아를 발견했다. 잠깐 하늘을 올려다보던 정아는 몇 걸음 뒤에서 안절부절못하는 미란이를 보고 씩 웃었다. 그리고 운동장에 모여 있는 아이들을 향해 소리쳤다.

"얘들아! 오늘부터 나 왕따라며? 그런데 못되게 굴면 벌받는다. 너희가 나를 알아? 나에 대해 아는 것도 없으면서 왜 이러쿵저러쿵 얘기하는데?"

울분에 찬 정아의 목소리가 운동장에 울려 퍼졌다. 미란이는 그 말을 듣고 결국은 눈물을 쏟았다. 정아는 국어 선생님과 다른 선생님들이 놀라서 옥상으로 올라오기 전까지 계속 자신을 험담하고 모함하는 것에 대해 항의했다. 선생님들이 정아를 끌고 가려고 하자 미란이가 목소리를 높였다.

"정아는 억울해요!"

선생님들은 일단 내려가서 얘기하자고 했고, 둘은 아래층으로 내려갔다. 복도는 몰려온 아이들로 가득했는데 정아와 함께 미란이까지 내려오는 걸 보고 놀란 눈치였다.

파장은 어마어마했다. 혜인이는 자기 말을 듣지 않았다면서 미란이까지 왕따를 시켰다. 친구들이 수군거리는 와중에 홀로 남게 된 미란이는 속으로 울었다. 하지만 한편으로는 후련했다. 늘 누군가의 눈치를 보느라 할 말을 하지 못했는데 이번에는 스스로 결정을 내린 것이다. 수업이 끝나고 미란이는 학원에 가기 전에 위클래스에 있는 정아를 만나러 갔다. 책상에 앉아서 반성문을 쓰고 있던 정아는 미란이를 보고 웃었다.

"아까 너 멋있었어."

"뭐가? 그냥 서 있었는데."

"도망치지 않았고, 변명도 안 했잖아. 마음속에 무슨 폭풍이 분 거야?"

"책임감의 폭풍? 전학 도우미잖아."

미란이의 얘기를 들은 정아는 농담도 할 줄 아냐며 웃었다. 미란이는 그런 정아에게 말했다.

"미안해. 앞으로는 우리 잘 지내보자. 이제 우리 둘이서만 다녀야 해."

"졸라 지옥 같지. 이 세상 말이야."

"그러게. 하지만 마음은 후련하네."

"학원 가야 하지? 내일 보자."

위클래스를 나온 미란이는 복도에 서서 작게 한숨을 쉬었다. 옆을 지나치는 친구들의 무심한 시선 중 그 어느 것도 자신에게 머물지 않는 게 느껴졌다. 앞으로 험난한 시간이 오랫동안 이어지겠지만 후회되거나 좌절감이 들지는 않았다. 생각을 정리한 미란이는 앞을 바라보고 복도를 걸어갔다. 학원을 모두 마치고 집에 돌아온 미란이에게 혜인이가 톡을 보내왔다. 내일 친구들 앞에서 잘못을 사과하고 용서를 빌면 따돌리지 않겠다는 내용이었다. 미란이는 싫다고 짧게 답장을 남겼다. 다행히 어머니는 학교에서 무슨 일이 벌어졌는지 눈치채지 못한 것 같았다. 언젠가는 들키겠지만 상관없다고 생각하자 마음은 그 어느 때보다 홀가분했다. 후회할 거라는 혜인이의 협박에 아무런 답장도 하지 않았다.

이튿날, 아무것도 모르는 엄마의 배웅을 받고 학교로 간 미란이는 교문에서 기다리고 있는 정아와 마주쳤다. 반갑게 손을 흔든 정아는 웃으며 다가온 미란이에게 말했다.

"폭풍을 맞이할 준비가 되어 있어?"

"아주 잘."

둘은 깔깔거리며 교실로 들어갔다. 그리고 진짜 폭풍은 1교시가 시작되기도 전에 불어닥쳤다. 아주 기다란 검정색 리무진이 학교로 스르륵 들어온 게 시작이었다. 검정색 제복을 입은 운전기사가 뒷문을 열자 파란색 양복을 입고 안경을 쓴 남자가 내렸다. 호기심 넘치는 아이들이 지켜보는 와중에 안경을 쓴 남자 다음으로 긴 코트를 입은 중년 여성이 내렸다. 다들 누구냐고 수군거렸다. 그들의 정체는 쉬는 시간에 밝혀졌다. 복도에서 만난 정아가 알려준 것이다.

"우리 엄마야."

"엄마? 너…."

차마 말을 잇지 못하는 미란이에게 정아가 대꾸했다.

"내가 보육원 출신이라는 소문? 엄마랑 거의 같이 못 지내긴 했어. 엄마가 바빠서 집에 잘 안 들어오고, 가사도우미 아주머니나 운전기사 아저씨들이랑 더 많이 지냈거든."

"너희 엄마 뭐 하시는 분인데?"

"갓물주."

마침 수업 시작을 알리는 벨이 울리면서 더 얘기를 나누지 못하고 교실로 돌아와야만 했다. 하지만 점심시간 즈음이 되면서 학교에 소식이 쫙 퍼졌다. 정아가 보육원 출신이고 선생님과 연애를 했으며 조건 만남도 한다는 것이 모두 거짓으로 밝혀졌다. 사실은 예전 학교에서 정아를 미워하던 친구가 헛소문을 퍼트렸고, 그것 때문에 전학을 온 것이었다. 지금 학교에도 거짓 소문이 퍼졌다는 것을 뒤늦게 알게 된 정아의 어머니는 변호사를 대동하고 나타나서 학교를 뒤집어 놓았다. 왕따를 주도한 혜인이는 정아의 어머니와 함께 온 변호사와 면담을 하고는 눈물범벅이 된 채 교실로 돌아왔다. 그리고 수업이 끝나기 전에 혜인이의 부모가 학교로 찾아왔다. 교장실에서 면담을 하다가 혜인이의 부모가 정아 어머니에게 무릎을 꿇고 살려 달라고 했다는 소문이 돌았다. 폭풍 같은 일들이 몰아치면서 아이들은 하나둘씩 미란이를 찾아와 말을 걸며 미안하다는 변명을 늘어놓았다. 정아 어머니가 데려온 변호사가 왕따를 주도한 혜인이는 물론이고, 가담한 학생들에게도 법적인 조치를 취할 것이라는 소문이 돈 탓이었다. 다들 숨도 크게 쉬지 못하고 있는 와중에 미란이는 수업이 끝나자마자 가방을 메고 옥상으로 향했다. 예상대로 선베드 위에 선글라스를 쓰고 누운 정아가 보였다. 비어 있는 옆자리 선베드에 가방을 내려놓은 미란이가 누웠다.

"갓물주 딸이면서 왜 불쌍한 척한 거야?"

"재밌잖아. 혼자 지내는 것도 나쁘지 않았고."

"그런데…."

왜 어머니를 불러와서 학교를 헤집어 놓았느냐고 마저 묻기도 전에 정아가 대답했다.

"너 때문에."

피식 웃은 미란이가 말했다,

"졸라 고마워."

"끝나고 나랑 같이 가자. 엄마가 너한테 고맙다고 저녁 사 준대."

"학원 가야 해."

"지금쯤 우리 엄마가 너희 엄마랑 교섭 중일 거야. 엄마 빌딩 중하나에 너희 엄마랑 일하는 제작사가 입주해 있거든."

"역시 갓물주가 좋네."

깔깔거린 정아에게 미란이가 말했다.

"너랑 나랑 팀 하나 만들까?"

"무슨 팀?"

"왕따 해결 팀. 중학교 때 친구가 작년에 외고로 전학 갔는데 힘들어하는 중이야."

잠깐 생각하던 미란이가 입을 열었다.

"재밌겠네."

"주말에 같이 만나 보자."

"일단은 햇빛부터 쬐고."

미란이의 대답에 정아는 선글라스를 하나 건넸다.

"이건 팀이 된 기념."

선글라스를 쓰고 태양을 똑바로 올려다본 미란이가 대답했다.

"좋은 폭풍이었네."

　저는 사람 마음에 폭풍 하나쯤은 있다고 생각합니다. 정해진 삶을 벗어나 자신의 길을 걷고자 도전하기 위해서는 계기가 있어야 하는데, 저는 그것을 폭풍이 불어온다는 말로 표현하곤 합니다. 제가 글을 쓰고 작가의 길을 걷기로 결심했던 것이 바로 그때였죠. 고등학교 졸업이라는 학력에 커피를 만드는 바리스타와 작가라는 꿈은 너무나 멀었으니까요. 다시 생각해 보라고 진지하게 충고해 주는 사람도 있었고, 말없이 눈빛으로 비웃는 사람도 있었습니다. 하지만 제가 그들의 얘기를 들었다면 오늘의 저는 없었을 겁니다. 사람의 삶은 규정지을 수 없고, 규정되어서도 안 된다고 믿습니다.

　특히, 청소년에게는 더더욱 그런 것을 강요해서는 안 된다고 생각합니다. 자신의 길을 어떻게 걸어야 할지 고민하는 시기에 부모나 다른 어른들이 강요하는 길을 가야 하는 건 고통이니까요. 삶은

수많은 장애물로 이뤄져 있고, 좋은 조건을 가지고 태어났거나 부모의 절대적인 도움이 있다고 해도 그것을 모두 피하는 건 불가능합니다. 저는 장애물을 넘고 피하며 나아가는 과정이 삶을 더욱 탄탄하게 만든다고 믿습니다. 그리고 마음속에 있는 폭풍은 억지로 무언가를 한다고 해서 사그라들거나 잠잠해지지 않습니다. 때로는 그 폭풍의 결과물이 실망스럽거나 실패처럼 보인다고 해도 상관없습니다. 삶은 실패와 성공을 명확하게 구분하지 않으니까요. 실패가 성공의 토대가 될 수도 있고, 성공이 실패로 가는 지름길이 될 수도 있습니다. 저는 성공과 실패가 쌍둥이처럼 찾아온다고 생각합니다. 그래서 성공했다고 무작정 기뻐할 필요도, 실패했다고 낙담하기만 할 필요도 없습니다. 각자 마음속의 폭풍을 잘 담아내서 멋진 삶을 살아가기를 바랍니다. 우리에게는 도전하는 삶을 살아가야 할 이유가 충분하니까요.

지랄 총량의 법칙?

조경아

조경아　느리고 오래된 것들을 좋아하는 스토리텔러이자 몽상가(브런치스토리 brunch.co.kr/@rose602). 작사가로 출발해 11년간 직장 생활을 이어 오다, 2018년 장편소설 《3인칭 관찰자 시점》으로 제14회 세계문학상 우수상을 받으며 작품 활동을 시작했다. 지은 책으로 《복수전자》《집 보는 남자》《안락정원》 등이 있고, 함께 지은 책으로 《너의 MBTI가 궁금해》《내 인생의 스포트라이트》《그럼에도 불구하고》 등이 있다.

지랄 총량의 법칙이라는 말이 있다. 사람에게는 한평생 살면서 해야 할 '지랄'의 총량이 정해져 있다는 뜻이다. 명확한 근거가 없는 말임에도 불구하고 나는 그 말을 들을 때마다 이상하게 걱정이 되곤 했다. 태어나서 지금까지 그런 '지랄'을 제대로 부려 본 적이 없었기 때문이다. 엄마의 말에 따르면 어린 시절에도 나는 아프지만 않으면 크게 울지 않는 꽤나 유순한 성격이었다. 물론 내가 기억하는 유년시절부터 지금까지의 나 역시도 그랬다. 그게 왜 걱정이냐고 누군가는 묻겠지만, 시간이 흐를수록 나는 이상하게 마음이 불편해졌다. 이러다 아주 엉뚱한 시기에 지랄의 총량을 채우게 되면 어떡하나 걱정이 되었던 것이다. 아니 어쩌면 나도 한 번쯤은 그 '지랄'을 부려 봐야 흑백 화면처럼 따분하기 그지없는 내 인생이 총천연색으로 바뀌는 경험을 할 수 있다고 생각했는지도 모르겠다.

그렇게 지랄 맞은 생각에 한참 빠져 있던 차에 세형이라는 친구가 우리 학교로 강제 전학을 왔다. 세형은 중학교 때 전교에서 유명한 문제아였다. 한마디로 평생 부릴 지랄을 이미 다 부려 본 아이였다. 아마 강제 전학을 오게 된 이유도 그 '지랄' 때문일 것이다. 그런데 막상 교실로 들어선 세형의 모습은 내 예상과 달랐다. 예전의 세형은 항상 적개심과 반항심을 가득 담은 눈빛을 가지고 있어서 눈을 마주치는 일조차 쉽지 않았는데, 지금 세형의 눈빛은 너무도 평온해서 얼핏 보면 아주 순한 아이 같았다. 그런 세형이 너무 신기해서 힐끔힐끔 쳐다보다가 나는 그만 세형과 눈이 딱 마주쳐 버렸다. 세형도 그런 나를 알아봤는지 말없이 눈인사를 해 주었다. 세형의 반응에 고무된 나는 쉬는 시간이 되자마자 세형에게 다가가 말을 걸었다. 중학생 때라면 상상도 할 수 없는 일이었지만, 지금은 괜찮을 것 같은 느낌이 들었다. 역시나 세형은 내 인사를 무시하지 않고 여유롭게 받아 주었다.

"근데 너한테 도대체 무슨 일이 있었던 거니?"
"엥?"
"분위기가 완전히 달라진 거 같아서."
"난 또 뭐라고. 내가 예전에 그렇게 이상했냐?"

"아니, 그런 건 아니고. 완전 다른 사람 같다는 얘기야."

"왜? 강전 온 주제에 너무 착한 척하는 걸로 보여?"

"그게 아니라 예전에 너는 눈도 똑바로 쳐다보지 못할 정도로 굉장했었잖아. 언제 어디서 폭발할지 모르는 시한폭탄 같다고 해야 할까?"

"뭐, 철이 좀 들었나 보지. 이젠 나도 조용히 살고 싶기도 하고."

"오랜 방황을 끝낸 기분은 어때?"

"근데 너는 그런 게 왜 궁금한 건데?"

"아, 기분 나빴다면 미안. 나는 그냥 너의 긍정적인 변화가 신기하고 멋있어 보여서."

"멋있어?"

"뭔가 성숙해 보이고, 삶을 제대로 산 느낌이랄까?"

"웃기고 있네."

"암튼, 내가 보기엔 네가 나보다 훨씬 어른 같아."

세형은 농담하지 말라며 내 등짝을 한 번 쳐 주었지만, 내 마음은 진심이었다. 그날 이후로도 세형은 선선한 얼굴로 반 아이들과 잘 어울렸고, 공부도 제법 열심히 하는 것처럼 보였다. 그렇게 어른스러워지고 있는 세형을 바라보며 나는 여전히 어린아이에 머물러 있는 나 자신이 못마땅했다. 사실 나는 매우 어중간한 사람이었다. 외모도, 성적도, 성격도 뭐 하나 튀는 것 없이 그저 언제나 중간에 머물러 있는 무색무취의 인간. 무엇을 좋아하는지 무엇이 되고 싶은지도 모른 채 그저 엄마가 하라는 대로 학교에서 하라는 대로 살고 있는 내가 너무도 한심했다. 누구나 이상해진다는 중 2 시절에도 나는 존재감 한번 나타내지 못하고 투명 인간처럼 학교만 죽어라 다녔다. 내 유일한 장점이라고 하면 정해진 규칙을 꼭 지켜 내고야 마는 성실함밖에 없었다. 지금 와서 다시 생각하니 과연 그게 장점인지조차 잘 모르겠다. 어쨌든 나는 내가 어떤 사람인지 알기 위해서라도 이 답답한 틀을 깨고 싶었다. 한마디로 진짜 지랄을 한번 부려 보고 싶은 것이다.

"그러니까, 너는 사고를 쳐야 어른이 될 수 있다고 생각하는 거야?"

"아니, 꼭 사고를 치겠다는 게 아니라 방황이란 걸 해 봐야 되지 않을까 싶은 거지."

"그럼 일단, 일탈 같은 걸 해 보면 되잖아."

"그래? 그럼 일탈은 어떻게 하는 거야?"

"평소에 못 하던 짓을 해 보는 거지."

"근데 일탈이랑 방황은 좀 다른 것 같아. 방황이 좀 더 성숙해 보인다고 해야 하나? 암튼 난 일탈이 아니라 방황을 하고 싶어."

"뭐가 그렇게 복잡해. 그냥 사고 한번 쳐 보면 되잖아."

"그게 평소에 못 하던 거라 쉽지가 않네."

"근데 지금 이런 생각을 하는 거 자체가 방황 아닐까? 쓸데없이.”

 나도 모르게 한숨이 나왔다. 아무래도 이런 이야기를 현수와 나누는 게 아니었다. 현수는 나보다 더 단순명료한 녀석이라 평소에도 고민이 거의 없었다. 그러니 아무거나 해 보라는 말밖에 못 하는 것이다. 하지만 또 일탈을 해 보라는 현수의 말도 틀린 얘기 같지는 않았다. 다만 내가 할 수 있는 일탈이 무엇이냐가 중요했다.

 “야! 너 오늘 왜 이렇게 늦게 왔어?”

 “다 너 때문이다.”

 “나? 왜?”

 “네가 일탈을 해 보라며? 그래서 일탈 한번 해 보려다가 담임한테도 깨지고, 1교시 수학한테도 깨지고. 이제 집에 가면 엄마한테도 깨지게 생겼어.”

 “푸하하하! 너한텐 고작 지각이 일탈이야?”

 “웃지 마. 난 심각하다고. 선생님은 그렇다 해도 엄마한텐 뭐라고 해.”

 “아니, 이왕 하는 거 그냥 결석을 해 버리지 지각이 뭐냐? 그것도 1교시 지각.”

 “첨이라 그것도 얼마나 쫄렸는데.”

 “야, 그럴 거면 아예 하지 마. 넌 아무래도 안 될 것 같다.”

 그렇게 나의 첫 일탈은 허무하게 끝나 버렸다. 다행히 집에서는 나의 지각을 크게 문제 삼지 않았다. 잔소리와 걱정이 많은 엄마와 달리 언제나 내 편이 되어 주시는 아빠 덕분이었다.

*

할머니 생신이 주말이라 오랜만에 친가 식구들이 모두 할머니 댁에 모였다. 저녁 식사를 마치고 할머니 생신 케이크를 불고 나니 식구들끼리 자연스럽게 옛날이야기를 하게 되었다. 명절에도 종종 옛날이야기를 하곤 했는데, 오늘은 평소와 조금 다른 이야기가 나왔다.

"진혁이는 언니를 닮았나 봐요. 사춘기도 조용히 지나가는 거 보면."

"왜요? 우리 남편 사춘기가 고약했어요?"

"아휴 언니. 말도 마세요. 지금은 저렇게 점잖은 척해도 중학생 때 우리 엄마 속 다 뒤집어 놓았어요."

"어머, 여보! 진짜예요?"

"하루가 멀다 하고 사고를 치고 다녀서 엄마가 그때 처음으로 흰머리까지 생겼다고 하더라고요. 엄마, 내 말이 맞지?"

"그래, 그땐 나도 식겁했다. 그래도 장남인데 커서 뭐가 되려나 싶기도 하고."

"그 정도였어요? 저한텐 그런 말 한 적 없었는데. 도대체 무슨 사고를 쳤는데요?"

"아버지가 드시던 소주를 몰래 마시고 학교에 가질 않나, 갑자기 수업 시간에 교실 밖으로 뛰쳐나가서 선생님 당황하게 하질 않나, 암튼 별짓을 다했어요."

"혹시 싸움질도 했어요?"

"꼴에 정의감은 있었는지 누굴 때리지는 못하고 맞고 다녔어요."

"세상에! 그러다 언제 정신 차린 거예요?"

"아마 고 2 겨울 방학 때부터 맘잡고 공부했을 걸요? 대학은 가야겠다 싶었던 거지."

"저는 진짜 몰랐어요. 원래 말수도 없고 얌전한 양반이라."

"그때 담임 선생님이 지금 오빠 보면 아마 깜짝 놀랄 거예요. 왜 그런 말 있잖아요. 지랄 총량의 법칙이라고."

"지랄 총량의 법칙?"

"인간이 평생 동안 부리는 지랄의 총량은 같다. 그게 언제 발현되느냐의 문제다. 뭐 그런 얘기죠. 우스갯소리라고 생각했는데 우리 오빠랑 막내 보면 그럴싸해요."

"막내 도련님은 왜요?"

"우리 막내 완전 모범생이었잖아요. 공부도 잘하는데 리더십도 있어서 학교 회장까지 했었고. 남들 부러워하는 명문대 나와서 대기업도 한 번에 들어갔는데, 지금은…."

“에이, 그래도 도련님은 걱정 안 하셔도 될 것 같아요. 워낙에 능력 있는 분이라.”

“그래도 집안의 자랑이던 막내가 그런 선택을 할 줄은 아무도 몰랐잖아요.”

“근데 도련님 지금은 어느 나라에 계신다고 했죠?”

“아까 낮에 엄마한테 전화는 왔다고 하는데, 어디 있다고 말도 안 했나 봐요. 그래서 울 엄마 또 우셨어요.”

“근데 저도 놀라긴 했어요. 갑자기 사표 던지고 세계 일주 가신다고 해서.”

“걔가 나이 마흔 다 되어서 자기 살고 싶은 대로 살아 보겠다고 회사 때려치우고 결혼도 안 하고 갑자기 여행 떠난 거잖아요. 큰오빠랑 완전 반대인 거 보면 진짜 지랄 총량의 법칙이 있는 건지도 모르겠어요.”

고모와 엄마가 그런 대화를 나누고 있는 와중에도 아빠는 입을 다문 채 아무런 대꾸도 없이 휴대폰만 보고 계셨다. 언제나 평온하고 담담해 보이던 아빠가 예전엔 그렇게 말썽을 부리던 아들이었다니 믿어지지 않았다. 더구나 언제나 바르게 엘리트 길만 걸었던 삼촌이 어느 날 갑자기 대기업 과장 자리를 박차고 나와 세계여행을 하고 있었다. 그렇다면 이제 나는 어떻게 되는 걸까? 이러다 나도 삼촌처럼 늦은 나이에 모든 걸 내려놓고 방황의 길을 걷게 되는 걸까? 하지만 나는 삼촌처럼 공부를 잘하거나 능력이 뛰어난 사람도 아니었다. 이러다가 내 인생은 정말 아무것도 아닌 것이 될지도 모른다. 갑자기 가슴이 답답해졌다. 사실 나에게 삼촌은 각별한 존재였다. 삼촌에겐 내가 첫 조카여서 그런지 어렸을 때부터 나를 유독 귀여워하고 잘 챙겨 주셨다. 말수가 없는 아빠에 비해 삼촌은 내게 때론 형처럼 친구처럼 편한 존재기도 했다. 남부러울 것 없는 대학을 나와 들어가기 어렵다는 대기업에도 한 번에 합격했던 삼촌은 집안의 자랑이었고 나에게는 닮고 싶은 사람이었다. 그런데 그런 삼촌이 어느 날 갑자기 회사를 그만두고 홀로 여행을 떠났다. 가족들은 모두 패닉에 빠졌다. 말려도 보고 구슬려도 봤지만, 아무런 소용이 없었다. 모범생이던 막내아들의 반란에 결국 할머니는 머리를 싸매고 자리에 누우셨고, 고모는 그 탓을 모두 삼촌에게 돌렸다. 하지만 삼촌은 흔들리지 않았다. 할머니가 기운 차리시는 걸 지켜보다가 어느 날 갑자기 혼자 살던 작은 아파트까지 처분하고 목적도 기약도 없는 여행을 시작했다. 가족들 몰래 가느라 내게도 아무런 말을 하지 않고 떠났다. 삼촌도 미안하긴 했는지 간간이 내게는 관광지에서 파는 엽서를 한 장씩 보내 주곤 해서 가족들은 그것으로 삼촌이 어느 나라를 여행하는지 정도만 알 수 있었다. 다행히 올해부터는 명절이나 할머니 생신 때가 되면 삼촌이 직접 전화를 하기도 했다. 가장 최근에는 스위스 융프라우 사진이 있는 엽서 한 장을 받았는데, 그 내용이 평소 엽서와 조금 달랐다. 항상 삼촌은 엽서 뒷면에 내 이름과 주소만 써서 보냈는데 이번 엽서에는 다음과 같은 말이 적혀 있었다.

'Carpe Diem!'

처음엔 이게 무슨 말인지 몰라 검색을 해 보니 라틴어로 '현재를 즐겨라!'라는 뜻이었다. 현재를 즐기지 못했던 삼촌이 이제 현재를 즐기고 있다는 말일까? 그런데 왜 삼촌은 내게 이런 말을 남긴 걸까? 삼촌이 보기에도 내가 너무 답답했던 건 아닐까?

*

"넌 또 뭐가 그렇게 심각해?"

"넌 뭐가 그렇게 신났는데?"

"어쨌든 중간고사가 끝났으니 후련하잖아."

"시험은 잘 봤고?"

"그거야 다른 문제지."

"난 미치겠다. 이번 시험도 망했어."

"뭘 또 새삼스럽게."

"그냥 이번 중간고사 안 보고 튀었어야 했나 싶다."

"왜, 또 한 번 지각이라도 해 보시게?"

"이렇게 어중간하게 사느니 확 사고라도 쳐 버릴까?"

현수와 이야기를 나누다가 답답한 마음에 나는 세형에게 다가

갔다. 세형은 여전히 내가 별로 달갑지 않은 표정이었다. 전학을 온 지 한 달이 지났지만, 세형은 그 어떤 말썽도 피우지 않고 조용히 학교생활에 적응하고 있었다. 크게 나대지도 않았지만, 그렇다고 소심하게 주눅 들어 보이지도 않았다. 다른 친구들과는 잘 지내는 것처럼 보였는데, 확실히 나한테는 좀 어색한 태도를 보였다. 아무래도 자신의 과거를 알고 있는 내가 불편한 것 같아 그동안은 모른 척했지만, 오늘은 꼭 묻고 싶은 말이 있었다.

"시간 괜찮으면 내가 뭐 하나만 물어봐도 될까?"

"또 뭔데?"

"네가 처음 방황을 시작했을 때 그 계기가 뭐였니?"

"뭐라고?"

세형의 얼굴이 일순간 찌그러졌다. 짜증이 난 것도 같았다. 그럼에도 나는 오늘 세형의 대답이 듣고 싶었다.

"내가 진짜 궁금해서 그래. 내가 보기에 너는 질풍노도의 시기를 비교적 잘 극복한 거 같은데, 그럴 수 있었던 결정적인 이유가 따로 있는지 궁금해서 말이야."

"그걸 내가 어떻게 아냐? 너는 똥 싸고 밥 먹는 데 이유가 따로 있냐?"

"아, 그럼 그냥 자연스럽게 되었단 말이지?"

"저번부터 도대체 왜 그러는 거야?"

“내가 아직 너무 어린애 같아서. 나도 사고라도 쳐야 진짜 어른이 될까 싶기도 하고.”

“그래? 그럼 내가 너 사고 한번 크게 치게 만들어 줄까?”

“아니 꼭 사고를 치겠다는 건 아니고. 그냥 나 자신의 틀을 깨 보고 싶다는 거지.”

“웃기고 있네. 내가 볼 땐 넌 쪼다라서 그런 거 절대 못 해.”

“무슨 소리야. 나도 마음만 먹으면 뭐든 할 수 있다니까? 방법을 몰라서 그렇지.”

“핑계도 좋다.”

“핑계 아니야.”

“그러니까, 너는 뭐든 감당할 수 있다는 거지?”

“당연하지.”

“그럼 내가 시키는 대로 할 수 있어?”

“내가 못 할 것 같아?”

“좋아. 그럼 그 결과가 어떻든 모두 네 책임인 거다?”

“걱정하지 말라니까.”

세형은 한쪽 입꼬리를 살짝 올리더니 내게 손짓했다. 귓속말하고 싶다는 것 같아 세형에게 다가가니 세형이 내 귓불을 세게 잡아당겼다. 곧바로 세형은 엄청난 말들을 쏟아 내기 시작했다.

✳

“너 지금 뭐라고 했어? 다시 말해 봐!”

“야, 이게 멱살 다 잡은 거야? 뭐가 이렇게 헐렁해?”

“보자 보자 하니까 내가 그렇게 우습게 보여?”

“야, 하품 나려고 한다. 이럴 땐 욕이라도 세게 해 줘야지.”

“이 새끼가 진짜!”

나는 멱살을 다시 움켜쥐고 세형을 벽 쪽으로 밀어붙였다. 세형은 뭐가 그렇게 재미있는지 자꾸만 실실 웃었다. 실없이 웃는 세형을 보고 있자니 가슴 깊은 곳에 숨어 있던 이상한 감정이 치밀어 올랐다.

“이렇게 해서 싸움이 되겠냐?”

세형은 나한테만 들리게 속삭이듯 말했다. 사실 조금 전 세형은 일방적으로 당해 줄 테니 자신을 한 대 쳐 보라고 내게 제안했었다. 처음엔 내가 바라던 게 아니라는 생각에 싸우고 싶진 않다고 말했지만 세형은 자신에 대해 잘 알려면 해 보지 않았던 것을 해 봐야 한다고 부추기면서 자세한 방법까지 알려 주었다. 결국 나는 세형에게 설득을 당했고 자신이 알아서 분노를 터뜨리게 해 주겠다는 말만 믿고 세형의 멱살을 먼저 잡았던 것이다. 막상 멱살을 잡고 나니 왜 이래야 하는지 이다음에 어떻게 해야 하는지 몰라 무척 난감했는데, 세형이 실실 웃으면서 이상한 말을 내뱉기 시작하자 나도 모르게 진짜 화가 나 버렸다.

“야! 니들 갑자기 왜 이래?”

나와 세형을 지켜보던 현수가 깜짝 놀라 달려왔다. 현수는 내 등을 때리며 얼른 멱살을 놓으라고 말했지만, 나는 이상하게 멱살을 놓을 수가 없었다. 사실 나는 이 이상한 퍼포먼스를 어디서 어떻게 끝내야 할지 몰라서 망설이고 있었다. 이런 내 마음을 눈치챘는지 세형이 다시 도발했다.

"좀생이 새끼. 내 이럴 줄 알았다니까!"

세형의 말에 다시 뭔가 빡 도는 기분이 들어 멱살을 움켜쥐려는데 아랫배에 강한 충격이 가해졌다. 숨이 막혔다. 세형이 멱살을 잡힌 상태에서 아무도 모르게 내 배를 가격했던 것이다. 결국 나는 '헉' 소리도 내지 못하고 그 자리에서 꼬꾸라졌다. 겨우 숨을 쉬려 한숨을 내뱉었는데, 세형이 갑자기 태도를 바꾸더니 걱정하는 사람처럼 다가와 내게 물었다.

"괜찮아?"

도대체 왜 때렸냐고 묻고 싶었지만, 말을 할 수 없었다. 한편으론 오히려 이렇게 말도 안 되는 상황이 끝난 것 같아 다행이란 생각도 들었다. 세형은 내 팔을 잡고 나를 일으켜 세우려고 했다. 안도하며 일어서려는데, 세형이 갑자기 잡은 팔에 힘을 주었다. 나도 모르게 비명이 흘러나왔고, 세형은 그 틈을 타 무릎으로 내 배를 다시 가격했다. 순간 세형이 나를 놀리고 있다는 생각이 들어서였는지 내 주먹이 내 마음보다 빠르게 움직여 세형의 얼굴로 향했다. 하지만 내 주먹은 세형의 얼굴을 때리지 못하고 그저 허공을 가를 뿐이었다. 그렇게 허우적거리던 나는 결국 세형을 얼싸안고 바닥으로 굴러 버렸다. 머릿속이 새하얗게 변하면서 아무런 생각이 들지 않았다. 언제 일어났는지 세형은 나를 내려다보며 그 기분 나쁜 웃음을 흘리고 있었다. 솔직히 나는 다시 세형이 달려들어 나를 때릴까 봐 두려웠다. 세형이 다시 나에게 다가오려고 하자, 나는 허공을 향해 팔을 마구 내둘렀다. 아무도 내게 다가오지 말라는 강력한 의사 표현이었다. 그런데 누군가 그런 강력한 의지를 무시하고 가까이 다가왔다. 나는 눈을 감은 채 있는 힘껏 주먹을 휘둘렀다. 그때 외마디 비명이 들렸다. 깜짝 놀라 눈을 떠 보니 담임 선생님이 한쪽 눈을 가리고 고개를 숙인 채 얼굴을 찡그리고 계셨다. 순간 온 세상이 멈춘 듯 아무런 소리도 들리지 않았지만, 옆에 서서 비실비실 웃고 있는 세형의 얼굴만은 또렷하게 보였다.

＊

"선생님은 뭐라고 하셔?"

"괜찮다고는 하시는데 눈이 붓고 멍들어서 아무래도 병원 가셔야 할 것 같아."

"그러게 왜 쟤 같은 애한테 시비를 걸어서 일을 이렇게 크게 만들어!"

"나는 그냥 세형이가 하라는 대로 했을 뿐이야."

"그게 무슨 소리야?"

"난 조언을 듣고 싶었을 뿐인데."

"야! 강전 와서 조용하게 살고 싶은 애한테 뭘 자꾸 물어봐. 근데 세형이가 너한테 뭐라고 했길래 갑자기 미친놈처럼 군 거야?"

"그냥 자기랑 시비가 붙은 것처럼 멱살을 잡아 보라고 했어. 그러면 사람들 앞에서 존재감이 좀 생길 거라고."

"진짜 그 말을 믿었다고?"

"나도 하고 싶지 않았는데 세형이가 그럴 배짱 없으면 아무것도 못 할 거라고 하니까."

"이런 등신! 그래서 그렇게 멱살을 잡았으면 뭐라도 했어야지. 세형인 한 대도 못 때리고 담임 얼굴을 날리면 어떡해?"

"그게 세형이가 날 일으키는 척하면서 내 배를 자꾸 때려서."

"그럼 맞았을 때 바로 받아쳤어야지."

"너무 아파서 헉 소리도 안 나던데?"

"어쨌든 지금 넌 선생님을 때린 사람이 되어 버렸어."

"미치겠다. 분명 부모님 모시고 오라고 하겠지? 아니면 나 학폭위까지 가게 되려나?"

"근데 세형인 어디 갔어?"

"아마 생활부장 선생님과 면담 중일 거야."

"너도 했어?"

"응."

“자기가 먼저 멱살 잡으라고 했다는 말을 과연 생부 선생님께 할까?”

“그, 그 생각은 못 해 봤는데?”

“너 지금 이러고 있을 때가 아냐. 네가 죄다 뒤집어쓸 수도 있다고.”

“그럼 어떡하지?”

“아, 저기 세형이 온다. 근데 쟤 왜 웃고 있냐?”

미소를 머금고 교실로 들어온 세형은 내 자리로 성큼성큼 다가왔다. 순간 현수와 나는 바로 얼어붙었다.

“야! 생부 선생님이 너랑 같이 오래!”

세형이 웃으며 말하자 현수는 입이 벌어졌고, 나는 다리에 힘이 풀렸다. 지금, 이 상황에서 신이 난 사람처럼 웃고 있는 세형의 얼굴이 너무도 생경해서 무섭기까지 했다.

“너 선생님께 무슨 말 했니?”

“있는 그대로.”

“있는 그대로?”

불안한 마음에 다시 가슴이 쿵쾅거리기 시작했다. 내가 지금 무슨 일을 저질렀는지 이제야 조금씩 알 것 같기도 했다. 방황 그게 뭐라고 나는 이런 일까지 벌였을까? 내가 세형의 말만 믿고 이런 잘못을 했다고 말하면 과연 선생님이 곧이곧대로 믿어 줄까?

생활부장 선생님이 문제 학생들과 상담하는 방에 세형과 함께 들어갔다. 예전엔 한 번도 와 본 적 없는 이 방에 오늘 나는 두 번이나 들어서고 있었다. 손에 깍지를 끼고 고민하듯 앉아 있던 선생님은 자리에서 일어나 우리를 맞이했다. 평소 무서워하던 선생님이었는데 오늘의 선생님은 왠지 모르게 부드러운 말투와 표정이었다. 하지만 세형과 면담을 한 뒤 선생님의 태도가 바뀌었을까 봐 갑자기 불안해졌다.

"그래, 오늘 하루가 참 길었지?"

"죄송합니다."

"담임 선생님한테는 죄송하다고 말씀드렸니?"

"네."

"세형이는?"

"말씀드리겠습니다."

"그래. 실은 조금 전에 너희 담임 선생님과 얘기했어. 선생님이 너희를 정말 아끼시는 것 같더라. 절대로 학폭위까지 갈 사항 아니니까 잘 처리해 달라고 부탁하셨어. 물론 나도 오늘 일이 학폭위까지 갈 사안은 아니라고 생각해. 서로 대화 나누다가 갑작스럽게 멱살잡이가 오간 건데, 뭐 사내자식끼리 그럴 수 있지. 그런데 이게 정말 아무 일이 아닌 걸로 넘어가려면 무엇보다 너희 둘이 솔직하게 모든 걸 털어놓아야 해. 무슨 얘기인지 알겠니?"

세형은 고개를 숙인 채 끄덕였다. 나 또한 끄덕거리다가 생활부장 선생님과 눈이 마주쳤다. 뭔가 이상하게 눈치가 보였다. 세형은 도대체 선생님에게 무슨 말을 한 걸까?

"자, 그럼 진혁이부터 아까 상황에 대해 다시 얘기해 볼까?"

"저는 그냥 예전과 달라진 세형이의 모습이 어른스럽고 멋져 보여서 어떻게 방황하던 때를 극복했는지 물어봤습니다."

"선생님은 사실 그 지점이 이해되지 않는 거야. 내가 세형이라면 그런 걸 자꾸 물어보는 진혁이가 눈에 거슬렸을 것 같거든? 근데 왜 진혁이가 세형이 멱살을 잡았을까?"

"그게, 그러니까….'

말문이 막힌 나는 세형을 쳐다봤다. 세형이 솔직하게 말해 주기를 기대하면서. 하지만 세형은 아무 생각이 없다는 듯 그냥 멍하니 어딘가를 응시하고 있었다. 다시 숨이 막히면서 가슴이 답답해졌다. 분명 세형은 나와 다른 말을 했을 거란 생각에 솔직히 말할 수도 대충 둘러댈 수도 없는 상황이었다.

"좋아. 그럼 세형이가 아까 선생님한테 했던 말을 다시 해 줄 수 있겠니?"

"네. 사실 진혁이가 제게 중학생 때처럼 욕을 한번 해 달라고 했어요. 처음엔 그러기 싫다고 분명히 얘기했는데 진혁이가 자꾸만 저를 자극하는 바람에 욕을 한마디 해 줬더니 갑자기 멱살을 잡더라고요."

"이제 진혁이가 말해 볼래? 세형이 말이 맞는지."

　생활부장 선생님은 도대체 이해되지 않는다는 표정으로 다시 물었다. 혼자서 선생님과 얘기할 때 나는 분명 세형과 의견 다툼이 있었다고 말씀드렸다. 세형의 말대로라면 내가 거짓말을 하고 있는 거였다. 힘든 시간을 보냈던 세형의 과거를 괜히 들춰내서 일부러 세형을 화나게 만든 야비하고 못된 아이가 되어 버린 것이다. 나는 지금 이 상황이 믿어지지 않아 옆에 앉아 있는 세형을 다시 쳐다봤다. 세형은 무슨 일이 있었냐는 듯이 평소처럼 담담하게 앉아 있었는데, 세형의 입꼬리에서 아까 봤던 그 섬뜩한 미소가 얼핏 보였다. 그제야 나는 세형이 왜 그런 짓을 하라고 부추겼는지 알 것 같았다. 의도가 어떠했던 분명 내 잘못도 있었다. 그걸 부정하고 싶은 건 아니었다. 하지만 그렇다고 내가 정말 이대로 친구를 야비하게 괴롭힌 사람이 되어야 할까? 아니면 진실을 밝히고 내 의도와 세형의 거짓말에 정면으로 대응해야 할까?

“진혁이는 아직 마음의 준비가 되지 않은 거구나?”
“그게 아니라….”
“솔직히 말하면 이번 일은 누구 때문에 이런 싸움이 났느냐가 중요한 게 아니라고 생각해. 왜냐하면 이런 싸움은 대개 한 사람의 잘못이 아니라 서로의 잘못이니까. 그러니까 진혁이랑 세형이는 이 자리에서 서로에게 솔직히 털어놓고 사과를 했으면 좋겠다. 물론 각자 반성문도 쓰고 2주간 화장실 청소 정도는 해야겠지?”

"그럼, 벌점은 없는 겁니까?"

"그래. 너희들이 서로 충분히 사과하고 화해를 한다면."

"진혁아! 미안하다. 아무리 그랬어도 욕은 하지 말았어야 했는데."

"잘했어. 그럼 이제 진혁이가 해 볼까?"

"제가 세형이에게 무리한 걸 강요했던 것 같습니다. 또한 세형이가 듣고 싶지 않은 말을 했던 것도 사실입니다. 그 부분은 제 잘못이 맞습니다. 하지만…."

"하지만은 왜 붙어? 그냥 사과하고 끝내면 되는데."

"선생님은 이해 못 하시겠지만, 이번 일은…."

"진혁이가 아직 맘 정리가 되지 않은 모양이구나. 내일까지 반성문 정성스럽게 한 장씩 써서 가지고 오도록 해. 그때 진혁이는 세형이한테 다시 사과하도록 하자."

"네, 알겠습니다. 그런데 선생님! 화장실 청소는 내일부터 하면 되나요?"

"그래. 세형인 성격이 시원시원하네. 그리고 진혁아! 담임 선생님이 내일 진혁이 부모님을 좀 뵙고 싶다고 하시거든? 부모님에게 전화 부탁한다고 말씀드려."

부모님과 상담이라는 말에 나는 차마 대답을 할 수 없어서 고개를 푹 숙였다. 그런 나를 한심하게 생각하셨는지 생활부장 선생님은 고개를 절레절레 저으며 일어나셨다. 세형과 나는 아주 잠시 자리에 함께 앉아 있었는데, 세형은 그 어색함을 과감하게 박차고 자리에서 일어섰다. 나는 세형의 바짓가랑이라도 잡으며 왜 거짓말을 했냐고 묻고 싶었지만, 그러지 않았다. 세형은 분명 나를 비웃으며 그러게 왜 잠자는 사자의 코털을 건드렸냐고 답할 것 같았다. 혼자 우두커니 앉아 있는 내 모습을 힐끗 보더니 세형은 문을 열고 나가면서 혼잣말처럼 말했다.

"간만에, 참 재밌었다."

세형의 얼굴은 보지 못했지만, 세형의 웃는 표정이 보이는 것 같았다. 어쩌면 세형은 기분이 나빠서라기보다 멍청한 내가 자기한테 당하는 것을 지켜보기 위해 이런 일을 꾸몄는지도 모르겠다. 결국 어리석은 나는 혼자 설레발치다가 세형이만 재밌게 만들어준 셈이다. 17년 내 인생이 모두 무너져 버린 기분이 들었다. 부모님에게 이런 일을 알려야 한다는 사실도 믿기지 않았다. 절망감에나는 상담실 책상에 머리를 박고 한참을 엎드려 있었다. 부모님에게 무어라 말씀드릴지 고민하다가 테이블을 잡고 일어서려는데배 쪽에 통증이 느껴졌다. 혹시나 하는 마음에 교복 셔츠를 들어보니 배에 시퍼런 멍이 들어 있었다. 아까 세형에게 맞았던 곳이었다. 이걸 선생님에게 보여 주고 세형의 거짓말을 밝혀 볼까 생각했지만, 이런 나 자신이 너무 한심했다. 어쨌든 오늘 일어난 모든 일은 사실 나로 인해 발생한 것이었다. 세형 탓만 할 수 없었다.

세형 입장에선 자신의 세상에 함부로 침범한 인간을 응징했을 뿐이었다.

세형과 했던 몸싸움 때문인지 팔 여기저기에도 멍 자국이 올라왔다. 걸을 때마다 배가 당겼지만, 나는 되도록 집에 늦게 가고 싶었다. 버스도 타지 않고 터벅터벅 걸어가다 보니 어느새 저만치 우리 아파트 단지가 보였다. 하지만 내 걸음은 이상하게 느려졌다.

"아들 왔어?"

엄마의 상냥한 목소리가 들렸지만, 나는 대답하지 않고 곧장 방으로 들어갔다. 흥분 잘하는 엄마에게 먼저 얘기했다가는 지금 당장 세형을 만나러 가거나 담임을 만나러 가자고 할 게 뻔했다. 가방을 아무 곳에나 던져 놓고 침대에 누웠다. 침대에 누우니 온몸이 여기저기 더 아팠다. 꼼짝없이 침대에 누워 있고 싶었는데 엄마가 자꾸만 방에 들어와 내 상태를 확인하셨다. 나는 이불을 뒤집어쓰고 꼼짝도 하지 않았다.

"어머, 진혁아! 너 왜 이렇게 뜨거워?"

"좀 아파요. 그러니까 제발 내버려두세요."

"아니 아프면 병원에 가야지."

"엄마, 제발!"

"근데 진혁아! 너 팔에 이건 뭐야?"

"아무것도 아니에요."

"너 진짜 무슨 일이 있었구나!"

엄마는 온갖 호들갑을 떨며 나를 가만두지 않았다. 결국 나는 엄마를 진정시키기 위해 자리에서 일어나야 했다. 때마침 아빠가 퇴근하셨는데, 엄마는 내가 학교 폭력을 당한 거라며 혼자 대성통곡을 하셨다. 어느 정도 사태를 파악하신 아빠가 감정이 격해진 엄마를 다독이며 자신이 이야기해 보겠다고 말씀하셨다. 결국 엄마는 나가시고 아빠와 둘만 남았다.

"엄마 말대로 학교 폭력을 당한 거니?"

"아뇨. 제가 멱살을 잡다가 맞은 거예요."

"그러니까 네가 먼저 시비를 걸었던 거라고?"

"네."

"멱살은 왜 잡았는데?"

"그래야 제가 존재감 있는 사람이 될 거라고 해서요."

"누가?"

"세형이라는 친구가요."

"혹시 너 또 그 방황 타령을 한 거니?"

"네."

"그래서 지금 뭐가 제일 문제야?"

"선생님들은 제가 일방적으로 싸움을 시작한 거라 믿고 계세요. 그리고 더 큰 문제는 제가 세형이랑 주먹다짐을 하다가 실수로 담임 선생님을 때렸다는 거예요."

"저런, 혹시 많이 다치셨어?"

"멍이 좀 드셨어요."

"선생님께 죄송하단 말씀은 드렸고?"

"네."

"얘기 끝나고 바로 전화를 드려야겠구나."

"실은 내일 선생님이 부모님을 뵙자고 하셨어요."

"아, 그래? 그럼 얼른 찾아뵈어야겠네."

"엄마한테 말씀드리면 또 깜짝 놀라실 텐데."

"그건 내가 알아서 할게."

"죄송합니다."

담담하게 내 이야기를 들어 주시는 아빠에게 나는 죄송하단 말밖에 할 수가 없었다. 세상에 불만을 품고 온갖 방황을 했었다는 아빠와 달리, 나는 사실 세상에 불만 따위는 별로 없는 사람이었다. 그럼에도 의미 있는 방황을 통해 나 자신에 대해 더 알고 싶었을 뿐이다. 하지만 결국 나는 호들갑만 떨다가 모두에게 민폐가 되어 버렸다. 나를 속인 세형을 향한 원망은 여전했지만, 결국 전부 내 잘못이었다는 것을 부정할 수 없었다. 내 알량한 객기가 모든 걸 망친 것 같은데 지금은 내가 무얼 망친 것인지조차 파악되지 않았다. 이런 상황에서 조용히 내 이야기를 들어 주시는 아빠를 보고 있자니 이상하게 목이 메었다. 눈시울이 빨갛게 달아오르더니 어느새 눈물이 뚝뚝 흘렀다.

“근데 진혁아. 네가 진짜로 하고 싶었던 게 뭐였니?”

“모르겠어요. 남들 다 한다는 거 그냥 빨리 해 보고 싶은 거라고 생각했는데, 지금 보니까 그건 또 아닌 거 같아요.”

“그래, 아빠도 그런 것 같아서 물어보는 거야.”

“어쩌면 저는 제가 진짜 어떤 사람인지 알고 싶었는지도 모르겠어요.”

“그래. 그게 참 중요한 거지. 딱 네 나이 때 고민되는 일이기도 하고. 그렇다면 진혁아, 너는 어떤 사람인 것 같니?”

“뭐 하나 잘하는 것도 없고 뭘 해야 할지도 뭘 하고 싶은지도 모르는 사람?”

“정말 뭔가 하고 싶은 것도 없어?”

“없어요. 뭘 좋아하는지도 모르니까.”

“그럼 하고 싶지 않은 거라도.”

“음, 지금 당장은 학교 가는 거요.”

“왜?”

“그냥 제 자신이 너무 창피해요.”

아빠는 이내 깊은 생각에 잠기시더니 큰 결심을 하듯 한숨을 한 번 쉬고 다시 말씀하셨다.

“혹시 여행을 떠나 보는 건 어떠니?”

“여행이요?”

“너 혼자만의 여행.”

"저 혼자서요?"

"그래. 아빠는 고 2 겨울 방학 때 혼자 여행을 갔다 와서 정신을 좀 차렸거든."

"그럼, 학교랑 학원은….'

"그건 아빠가 알아서 정리해 볼게. 네가 가고 싶은 만큼 갔다가 무사히 돌아오기만 하면 돼. 아무리 봐도 지금 너한테 필요한 건 혼자만의 시간인 것 같다."

나는 혼자 가기 두렵다고 말하려다 입을 꾹 다물었다. 생각해 보니 나는 한 번도 어떤 틀에서 벗어나 본 적이 없는 사람이었고, 혼자서는 아무것도 할 수 없는 바보이기도 했다. 그러니 내가 무얼 원하는지조차 모르고 살았던 것이다. 문득 그럴 배짱이 있냐고 묻던 세형이 떠올랐다. 지금 당장은 두렵지만 혼자만의 시간을 가지게 되면 정말 내가 어떤 사람인지 알 수 있지 않을까?

"어디를 갈지, 가서 무엇을 할지, 얼마나 있다가 올지 다 네 맘대로 정하면 돼."

"아빠는 혼자 여행을 떠났을 때 뭘 얻으셨어요?"

"글쎄, 내 생각엔 네가 무얼 느끼고 보느냐에 따라 무엇을 얻을 수도 있고, 잃을 수도 있다고 생각해. 그리고 내가 그때 무얼 깨달았다고 얘기하면 그게 또 너한테 어떤 기준이 될 것 같아서 얘기를 안 하는 게 좋을 것 같아."

"아무것도 얻지 못할 수도 있다는 거죠?"

“아니 네가 원하는 걸 못 얻을 수도 있다는 말이지. 대신 네가 미처 깨닫지 못한 어떤 걸 얻을 수도 있고.”

“무슨 말인지 잘 모르겠지만, 또 알 것도 같아요.”

“그래. 복잡하게 생각하지 말고, 간단하게 짐을 싸서 내일 당장 떠나 봐. 최소한의 경비는 내가 마련해 줄 테니까.”

이튿날 아침, 엄마는 나를 보시자마자 우셨다. 나 때문에 아버지와 밤새 다투느라 잠도 제대로 주무시지 못한 것 같았는데, 어쨌든 나를 위해서 엄마도 어쩔 수 없이 아빠의 말에 따르기로 하신 모양이었다. 엄마는 집을 나서는 내게 신신당부하셨다.

“언제든 집에 돌아오고 싶으면 와도 돼. 오늘 나갔다가 오늘 저녁에 와도 괜찮다는 말이야. 무슨 말인지 알지? 무사히 돌아오기만 하면 돼.”

“네, 근데 학교에는 뭐라고 하실 거예요?”

“선생님 만나 보고 말이 통하는 분이면 사실대로 말씀드리고, 아니면 몸이 아파서 당분간 학교에 못 나갈 것 같다고 말씀드릴게.”

마지막으로 집을 나서기 전 나는 엄마 아빠를 돌아봤다. 엄마는 제일 먼저 어디로 갈 거냐고 물으셨지만 나는 대답하지 못했다. 나조차 알 수 없었기 때문이다.

✳

　막상 집을 나서긴 했는데, 어디로 가야 할지 몰라 버스 정류장 <u>끄</u>트머리에 쭈그리고 앉았다. 출근하는 회사원들은 물론 교복을 입은 아이들까지 모여들기 시작했다. 교복을 입고 있지 않은데도 자꾸만 가슴이 움츠러들었다. 부모님의 허락을 받고 떠나는 여행이긴 했지만, 왠지 모두가 나를 손가락질하고 있는 것 같았다. 너는 왜 학교에 가지 않는 거니? 누군가 묻는 것 같아 나는 더 앉아 있지도 못하고 어디로 가는지도 모르는 버스에 무작정 올라탔다. 출근 시간이라 그런지 버스는 만원이었다. 여기저기 교복을 입은 아이들도 보였다. 몇 정거장을 지나친 후에야 나는 이 버스가 어디로 가는 버스인지 확인할 수 있었다. 종로 3가까지 가는 버스였다. 시내 한가운데라 도착하기까지 시간이 꽤 걸릴 테지만, 그곳에서 서울역으로 가는 1호선 지하철을 타면 될 것 같았다.

　종로 3가에 도착하자 사람들이 우르르 내렸다. 나 역시 그들을 따라 버스에서 내렸다. 다행히 지하철로 가는 길은 물어보지 않아도 알 것 같았다. 버스에서 내린 사람들은 마치 줄을 선 것처럼 나란히 바쁜 걸음으로 걷고 있었다. 사람들을 따라 걷다 보니 꽤 오래되어 보이는 공원 하나가 보였다. 이름은 탑골 공원. 갈 곳 없는 할아버지들이 이곳에 모여 하루를 보낸다는 얘기를 어디선가 들은 것 같았다.

"죄송합니다."

공원을 쳐다보느라 걸음을 멈추는 바람에 뒤에서 따라오던 사람과 부딪혔다. 나도 모르게 반사적으로 죄송하단 말이 흘러나왔다. 사람들은 마치 전류가 흐르듯이 정해진 길로 정신없이 움직이고 있었다. 시계를 보니 8시 40분. 9시가 되면 사람들은 학교에서든 회사에서든 무언가를 시작할 것이다. 나는 출근 시간이 지날 때까지 잠시 탑골 공원에서 쉬어 가기로 마음먹었다.

"젊은 사람이 여기서 뭐 해?"

"아, 저요? 잠시 쉬고 있어요."

"보아하니 아직 어린애 같은데, 일이든 공부든 정신없이 할 나이 아닌가?"

"참견하지 마. 젊은 사람들이 싫어해."

장기를 두던 할아버지들은 내가 있어도 없는 것처럼 내 얘기를 하며 옥신각신 대화를 나누고 계셨다. 학교라는 공간 안에 갇혀 있던 내가 어색하다고 생각했었는데, 막상 이 시간에 세상에 나와 보니 내가 어울리는 곳은 어디에도 없는 것 같았다. 그러다 문득 내가 꼭 어울리는 곳에만 있어야 하는 건 아니라는 생각이 들었다. 용기를 내어 할아버지들의 장기판 근처로 좀 더 다가가 물었다.

"저기, 제가 여행을 가려고 하는데, 요즘 가면 좋을 곳이 있을까요?”

“뭘 좋아하는데?”

“네?”

“뭘 좋아하는지 알아야 추천을 해 주지.”

“아, 글쎄요.”

“혹시 노는 거 좋아하나?”

“이 사람이, 노는 거 싫어하는 사람도 있나?”

“하긴 젊어서 노는 게 제일 재밌지. 늙으면 노는 것도 재미없
어.”

“재미가 없긴. 재미는 있는데 기운이 없는 거지.”

어느새 할아버지 두 분은 주거니 받거니 자신들이 좋아하는 것
에 관해 이야기하기 시작했다. 나는 곰곰이 생각하다가 대답했다.

“솔직히 저는 제가 좋아하는 게 뭔지 잘 모르겠어요.”

“그럼, 서울역 가서 제일 먼저 출발하는 기차를 타 봐. 가 보고
좋으면 좋아하는 거고, 싫으면 싫어하는 거니까.”

괜찮은 생각이었다. 그러고 보면 나는 정말 아는 것이 없었다.
아무것도 모르는 사람은 질문도 바보같이 할 수밖에 없는 모양이
다. 나는 자판기 커피를 할아버지들에게 사 드리고 바로 지하철역
으로 향했다. 처음엔 할아버지 말씀대로 서울역으로 가려고 했지
만, 검색을 해 보다가 마음을 바꿨다. 나는 빠른 KTX보다 아주 느
린 기차를 타고 싶었는데, 그런 기차들은 대부분 청량리역에서 출

발했다.

청량리역에 도착해 가장 빨리 출발하는 무궁화호 기차표를 사기 위해 매표소로 갔다. 사실 예전부터 매표소에서 티켓을 구매해 보고 싶었다. 드라마에서 봤던 장면을 내가 재연하는 것 같기도 했고, 시간 여행을 하고 있는 착각도 들었다. 마침, 옆에 있던 김밥 가게에서 김밥 두 줄과 사이다를 샀다. 어렸을 때 기차를 타면 꼭 찐 계란과 사이다를 마셨다던 아빠의 말이 떠올라서였다. 어쨌든 나는 미션 수행하는 게임 속 캐릭터처럼 주어진 미션을 하나하나 해결해 나가고 있었다. 무궁화호는 처음 타 보는 기차였다. 뭔가 드라마 세트장에 앉아 있는 기분도 들었는데, 자리에 앉자마자 기차는 천천히 움직였다. 동시에 뱃속에서 꼬르륵 소리가 났다. 주변 자리가 듬성듬성 비어 있어 나는 용기를 내어 김밥을 하나씩 꺼내 먹었다. 김밥을 어느 정도 먹고 나자, 왜 기차에서 사이다를 마셔야 하는지 알 것도 같았다. 김밥 두 줄을 다 먹고 나서야 창문 밖 풍경이 눈에 들어왔다. 느린 기차는 이미 서울을 벗어나고 있었는데 확실히 KTX보다 지나가는 풍경들을 보기 좋았다. 문득 지금 이 시간쯤이면 벌써 2교시가 끝날 시간이라는 생각이 들자 다시 가슴이 답답해졌다. 이런 일탈을 꼭 해 보고 싶었는데, 막상 해 보니 마음이 생각보다 불편했다. 과연 이 여행의 끝에서 나는 내가 원하는 답을 찾을 수 있을까? 어느새 눈앞에 펼쳐진 풍경들은 사라지고 어지러운 상념이 머릿속을 가득 채웠다.

　안내 방송 소리에 눈을 떴다. 상념에 빠진 줄 알았는데, 잠이 들었던 모양이다. 눈을 비비며 창밖을 보니 낯선 풍경이었다. 느렸던 기차가 점점 더 느려지더니 영월역 앞에서 멈췄다. 내가 종착지로 선택한 곳도 영월이었다. 헐레벌떡 기차에서 내렸다. 영월은 태어나 처음 와 본 곳이었다. 그런데 왜 영월을 목적지로 정했던 걸까? 영월. 사실 나는 이름이 예뻐서 목적지를 영월로 정했다. 나도 모르게 피식 웃음이 났지만, 마냥 웃고 있을 수는 없었다. 이제 또 다른 목적지를 정해야 하기 때문이었다. 어디로 가야 할지 한참을 고민하다가 결국 영월역 앞에 있는 식당에서 순대국밥을 먹기로 했다. 국밥을 거의 다 먹었을 무렵 문자가 왔다. 현수였다. 점심시간이 지나 오후가 되었는데도 내가 학교에 나타나지 않아 놀란 모양이었다.

대답하고 싶었지만, 대답을 할 수 없었다. 나조차 내가 무얼 찾아야 하는지 알지 못했기 때문이다. 문득 마흔이 넘어 세계여행을 떠난 삼촌 생각이 났다. 삼촌은 무엇을 찾으려고 그렇게 먼 길을 떠난 것일까? 혹시 삼촌도 아빠의 조언으로 여행을 시작한 것은 아닌가 하는 생각이 들었다. 아빠는 멀리서 보면 다른 부모님들과 비슷해 보였지만, 실제로는 매우 남다른 분이셨다. 평소에는 모든 일에 무관심해 보이지만, 결정적인 순간에는 꼭 최선의 해결책을 제시하거나 묵묵히 행동으로 실질적인 도움을 주시곤 했다. 나는 그런 아빠가 고맙기도 했지만, 부담스럽기도 했다. 아빠 같은 멋진 어른이 될 수 없을 것 같았기 때문이다. 나는 아빠처럼 흔들림에 개의치 않고 자신의 진중함으로 그 상황을 버티다가 중요한 순간 최선의 선택을 할 수 있는 사람이 아니었다. 그렇게 하고 싶어도 할 수 없을 것 같았다. 어쩌면 그래서 나는 방황이라도 해 보고 싶었는지 모르겠다. 평소 내가 입버릇처럼 방황하는 청춘이고 싶다고 말할 때도 아빠는 아무런 대꾸를 하지 않으셨다. 결국 어처구니없는 사고를 치고 나서야 아빠는 나에게 혼자만의 여행을 제안하셨다. 어쩌면 이 상황 자체가 모두 아빠의 치밀한 계획이 아닐까 싶기도 했다. 그렇다면 아빠는 내가 무엇을 깨닫고 돌아오기를 바라시는 걸까?

"학생이지?"
"아, 네."
"밥값은 있어?"
"네."
"어디 가는데?"
"아, 지금 계산할게요."
"아니, 어디 가냐고. 여기 사람 같지는 않아서."
"어디를 가 보면 좋을까요?"

“여행 온 거야?”

“네.”

“보통은 선암마을 가거나 청령포 많이 가긴 하는데.”

“아, 네.”

“학생, 혹시 별 좋아해?”

“하늘의 별이요?”

“근처에 천문대가 하나 있는데 꽤 괜찮거든. 별마로 천문대!”

“아, 여기서 가깝나요?”

“걸어가긴 힘들어. 택시 타야 해. 그리고 오늘은 휴관일이야. 내일 가 봐.”

“네, 감사합니다.”

“잘 곳은 있어?”

“아직 못 정해서 게스트 하우스 알아보고 있어요.”

“그게 뭔데?”

“여러 사람이 함께 쓰는 숙소 같은 곳이에요.”

“여긴 모텔이나 여관 같은 거밖에 없을 텐데.”

“혹시 추천해 주실 만한 곳은 없나요?”

“글쎄 아직 학생이라 갈 만한 곳이 있을까 모르겠네.”

“아, 네.”

“그럼 혹시 우리 집에 갈래? 내 손자 방에서 같이 자면 될 것 같은데.”

"네?"

"왜, 할미가 무서워?"

"아뇨. 그냥 폐 끼치기 싫어서요."

"싫으면 별수 없고."

국밥집 할머니는 민망했는지 괜히 더 요란스럽게 테이블 위 빈 그릇을 치우셨다. 뜻밖의 제안이 싫지는 않았지만, 나는 사실 두려웠다. 집을 나서는 순간부터 끊임없이 선택의 기로에 서서 무언가를 반드시 선택해야 한다는 사실이 너무도 버거웠다. 평소 학교에 다닐 때는 그저 학교나 학원에서 짜 놓은 스케줄대로만 움직여서 내가 무언가를 결정하고 선택할 일이 별로 없었다. 하지만 지금은 아무것도 결정된 것이 없어서 내가 선택을 하고, 그 결과를 책임져야 했다. 지금도 나는 낯선 이의 관심과 친절에 어떤 반응을 보여야 할지 몰라 갈팡질팡하고 있었다. 어쩌면 인생은 매 순간 밀려오는 선택의 결과물인지도 모르겠다. 지금, 이 순간도 그랬다. 그릇을 치우러 주방으로 들어가는 할머니의 내려앉은 어깨를 멍하니 바라보다가 나는 조용히 자리에서 일어섰다. 국밥값을 테이블 위에 얌전히 올려 두고 도망치듯 식당을 나왔다.

갈 곳을 정하지 못한 나는 다시 영월역 안으로 들어갔다. 대합실에 잠시 주저앉아 영월에서 가 볼 만한 곳을 검색해 보았다. 아무리 검색을 해 봐도 할머니가 추천해 주신 천문대만큼 가 보고 싶은 곳은 없었다. 어쩔 수 없이 나는 대단한 필연이었던 것처럼 천문대에 가기로 마음먹었다. 이제 당장 오늘 밤 묵을 숙소를 정해야 했다. 처음으로 숙소 찾는 앱을 깔고 '영월' 혹은 '별마로 천문대' 근처 숙소를 검색했지만 적당한 곳을 찾기 어려웠다. 리조트나 펜션 같은 곳에 갈 형편은 되지 못했는데, 게스트 하우스 정도의 금액대로 찾아보면 말 그대로 모텔 이하 수준의 숙박업소밖에 없었다. 그제야 나는 국밥집 할머니가 얼마나 달콤한 제안을 해 주셨는지 깨달았다. 어디로 가야 할지 몰라 대합실을 이리저리 방황하다가 화장실에 들어갔다. 들어가자마자 고약한 담배 냄새가 진동했다. 내 또래로 보이는 남자 아이들이 옹기종기 모여 담배를 피우고 있었다. 담배 연기 때문에 나도 모르게 얼굴이 찡그려졌다. 모른 척하고 볼일을 보려는데 무리 중 한 명이 갑자기 담배꽁초를 내 쪽으로 던졌다. 동시에 무리가 키득키득 웃기 시작했다. 나는 화가 났지만, 겨우 참으며 마저 볼일을 보았다. 그러다 손을 씻기 위해 거울 앞에 섰는데 아까 꽁초를 던진 녀석과 눈이 마주쳤다.

"씨발, 뭘 꼬나봐?"

마치 경주의 시작을 알리듯 한 아이가 욕설을 던지자, 나머지 아이들도 내게 아무런 이유 없이 욕설을 퍼붓기 시작했다. 이렇게 영월까지 와서 동네 양아치들에게 갖은 욕을 듣게 될 줄은 몰랐다. 그와 동시에 나는 뜬금없이 세형이 떠올랐다. 어쩌면 세형의 방황은 결국 세상을 향한 분풀이였을 뿐 그 이상도 이하도 아니었을 것이다. 그래서 세형은 내가 더 얄미웠는지도 모르겠다. 다행히 덩치 좋아 보이는 아저씨가 화장실로 들어서자 아이들은 욕설을 멈췄다. 그 틈을 타고 나는 화장실을 얼른 빠져나왔다. 결국 다시 국밥집 근처로 발걸음을 옮겼다. 안으로 들어갈 용기까지는 없어서 국밥집이 보이는 모퉁이에 몸을 숨기고 괜스레 국밥집을 관찰하기 시작했다. 국밥집 앞을 오가는 사람도 국밥집에서 국밥을 먹는 손님도 없었지만, 국밥집 할머니는 한시도 쉬지 않고 움직였다. 나는 그런 할머니의 모습을 보고 왠지 모르게 마음이 놓였다. 할머니의 성실함과 부지런함이 할머니가 어떤 사람인지 너무도 선명하게 보여 주고 있었기 때문이다.

“내 다시 올 줄 알았지.”

“죄송합니다. 제가 좀 겁이 많아서요.”

“아니야. 원래 낯선 사람이 친절을 베풀면 의심해 보는 게 맞아.”

“몇 시쯤 퇴근하세요? 그때까지 제가 일 도와드릴게요.”

“그래, 좋은 자세다! 근데 뭐 할 일도 별로 없어.”

할머니가 환하게 웃으며 내 어깨를 토닥여 주셨다. 그제야 안도의 한숨이 나왔다. 어느새 그림자가 점점 더 길게 드리워지더니 저녁 식사를 하러 손님들이 하나둘씩 들어왔다. 아르바이트를 해 본 적은 없었지만, 집에서 식사 시간에 상을 차리는 일은 언제나 내

몫이라 눈치껏 손님들 상을 차릴 수 있었다. 단골로 보이는 어느 손님들은 내 눈치를 보며 할머니에게 눈짓으로 누구인지 물었지만, 할머니는 그저 웃을 뿐 아무런 대꾸도 해 주지 않았다.

저녁 장사를 일찍 마치고 할머니와 함께 할머니네 집으로 가는 길, 가로등도 거의 없는 길이라 그런지 유독 하늘에 별이 반짝거렸다. 서울에선 좀처럼 보기 힘든 별들이 모래알처럼 퍼져서 제각기 자신의 존재감을 드러내고 있었다. 문득 나는 완전히 다른 세상에 와 있는 기분이 들었다.

"우와, 태어나 이렇게 많은 별은 진짜 처음 봐요."

"나야 맨날 보는 별이지만, 매일 봐도 별은 예쁜 것 같아."

"그러게요. 길이 너무 어두워서 어쩌나 했는데 달도 밝고 별도 밝아서 참 좋네요."

"근데 어쩌다가 집을 나온 거야?"

"제가 사고를 좀 쳐서….'

"아니, 그렇다고 집을 나오면 어떡해? 부모님 속이 얼마나 썩고 있겠어?"

"실은 저희 아버지가 여행을 다녀오라고 하셔서 나온 거예요."

"그래? 아버지가 아주 훌륭하신 분이구먼."

"네. 근데 제가 걱정이에요."

"뭐가 걱정이야. 그런 아버지가 계신데. 오히려 배운 거 없이 자란 내 손주가 걱정이야.”

“훌륭한 할머니가 계신데 무슨 걱정이세요.”

할머니는 손사래를 치며 아니라고 하시면서도 흐뭇하게 웃고 계셨다. 별빛을 받으며 다다른 골목 끝자락에 아주 오래되었지만 제법 운치 있는 집 하나가 보였다. 할머니와 함께 미소 지으며 그 집으로 들어서는데 담배 냄새가 먼저 우리를 반겼다.

“이놈의 자식이! 어디 신성한 장독대에서 담배를 피워!”

“깜짝이야! 오늘은 왜 이렇게 일찍 왔대?”

담배를 피우던 사람은 할머니의 손자인 것처럼 보였다. 교복을 입고 있는 것을 보니 아직 고등학생인 것 같은데, 할머니한테 담배 피우는 것을 들키고도 별로 놀라는 기색이 없었다. 할머니 손자가 담배를 끄고 어슬렁거리며 할머니에게 다가오는데, 그 얼굴이 전혀 낯설지 않았다.

“어? 혹시 아까 봤던….”

“어! 너….”

“엥? 둘이 아는 사이였어?”

“아까 영월역 화장실에서 봤던 거 같아서.”

“이놈 새끼, 거기서 또 담배 피웠구나!”

“근데 왜 우리 집에?”

“아, 할머니께서 잠을 재워 주신다고 해서.”

"할머니! 왜 모르는 사람한테 잠을 재워 준다고 해? 남는 방도 없는데."

"내 집에서 내가 재워 준다는데 웬 말이 많아?"

"아니, 그럼 할머니 방에 재울 거야?"

"네 방 침대에서 재울 거다. 어쩔래?"

"에잇! 이러니까 내가 집에 들어오기가 싫은 거잖아!"

"그래 이놈아. 들어오고 싶지 않으면 들어오지 마. 누가 아쉬운 줄 알아?"

"됐고! 나 배고파. 얼른 밥이나 줘!"

"덩치는 산만 한 녀석이 손이 없어 발이 없어? 왜 아직 밥도 못 먹었어?"

"집에 아무것도 없던데? 나 국밥은 싫으니까 된장찌개 끓여 줘."

금방이라도 집을 뛰쳐나갈 것 같았던 할머니 손주는 바로 교복을 갈아입더니 어푸어푸 세수를 했다. 그러는 사이 할머니는 나를 방으로 안내하고 주방으로 바로 들어가 저녁 식사를 준비하기 시작했다. 할머니와 손자에게 민폐가 된 것 같아 가시방석에 앉은 기분이었는데, 다시는 보지 않을 것처럼 싸우다가 각자의 할 일을 하고 있는 할머니와 그 손자를 보니 오히려 마음이 편해졌다. 부지런한 할머니 덕분에 얼마 지나지 않아 저녁은 뚝딱 차려졌다. 들어올 때 사 온 두부 하나만으로 할머니는 두부부침과 맛난 호박된장찌개를 끓여 주셨다.

"둘이 통성명이라도 해. 얘는 내 빌어먹을 손자, 경완이. 네 이름은 뭐고?"

"진혁이에요. 이진혁."

"진혁이가 내일 저기 천문대 보고 싶다고 하니까 경완이가 데리고 함 갔다 와."

"내가 왜?"

"할미한테 계속 밥 얻어먹고 싶으면 말 들어라."

"설마 공짜로? 나는 잠자리도 내주고, 관광 가이드까지 해 주는데?"

"2만 원."

"천문대 가려면 택시 타고 가야 하잖아."

"그럼 3만 원."

"오케이. 근데 침대는 못 내준다. 나는 바닥에선 못 자거든."

경완이의 말에 나는 엉겁결에 고개를 끄덕였다. 하지만 할머니는 경완이의 뒤통수를 내리쳤다. 그렇게 나는 낯설지만 정겨운 사람들과 언제 끝날지 모르는 여행의 첫날 밤을 보냈다.

*

"다녀왔습니다."

돌아온 탕아처럼 나는 꽤 초췌한 모습으로 3주 만에 집으로 돌아왔다. 나를 보고 엄마는 우셨고, 아빠는 잔잔한 미소로 반겨 주셨다. 나도 내가 3주 동안이나 여행을 하게 되리라 생각하지 못했다. 마치 시간 여행을 하고 온 사람처럼 완전히 다른 시공간을 살다가 온 느낌이었다. 어리숙하기만 했던 나의 첫 여행은 사람들로 시작되었고 역시나 사람들을 통해 마무리되었다. 국밥집 할머니 같은 귀인을 만나기도 했지만, 다시는 마주치고 싶지 않은 사람들을 만나 세상이 내 마음 같지 않은 곳이라는 사실도 알게 되었다. 아마도 지난 3주는 평생 잊지 못할 추억으로 내게 기록될 것이다. 그리고 그 추억들이 내가 앞으로 살아 낼 시간들의 든든한 버팀목이 되어 줄 거라 믿는다. 하지만 무엇보다 내가 이번 여행을 통해 사무치게 깨달은 것은 내가 살고 있는 이 공간과 시간에 대한 소중함이었다.

"여행은 어땠니?"

"뭐라고 한마디로 표현할 수가 없어요. 좋기도 했고 힘들기도 했지만, 꼭 필요한 시간이었다는 건 분명해요."

"그래서 네가 믿고 싶어 했던 지랄 총량의 법칙은 여전히 존재하는 것 같니?”

“지금 그 얘기를 들으니까 갑자기 부끄러워지는데요?”

“그래, 인생은 그런 법칙으로 묶어 둘 수 있는 게 아니지.”

“제가 없는 동안 집엔 별일 없었죠?”

“아, 며칠 전에 삼촌한테 전화가 왔었어. 결혼한다고.”

“결혼이요?”

“지금 크로아티아에 있는데 거기서 만난 분과 결혼해서 살고 싶다고 하더라.”

“우와….”

“삼촌이 너 여행 떠났다고 하니까 기특해하던데? 이제야 말이 좀 통할 것 같다고.”

“그럼, 삼촌은 한국에 안 들어오신대요?”

“결혼 전에 한번 들어온다고 하더라. 결혼할 분이랑.”

“이야, 크로아티아라니! 나도 가 보고 싶다.”

“이제 아주 맛이 들었구나. 근데 이제 여행 가려면 네가 벌어서 가야 해.”

“당연하죠.”

집에 돌아왔다는 사실이 너무나 좋았지만, 나는 지금 당장이라도 다시 여행을 떠나라면 떠날 수 있을 것 같았다. 태어나 처음 해 보는 일들만 가득했던 여행이 내게 어떤 자신감을 만들어 준 것이다. 하지만 지금 나는 무엇보다 먼저 학교에 가고 싶은 게 먼저였다. 세형에게 꼭 해 주고 싶은 말이 있었기 때문이다.

*

"세형이가 자퇴했다고?"

"응."

"갑자기 왜?"

"세형이가 원래 정서적인 문제를 가지고 있었나 봐. 뭐라더라 품행 장애라고 했던가? 암튼 그래서 학교생활이 어려웠대."

"그래도 여기서는 잘 지내는 것 같았는데."

"엄청 힘들게 버틴 거였대. 원래 세형이 부모님은 강전도 하지 말고 그냥 치료하면서 검정고시 보게 하려고 했는데 세형이가 학교 계속 다니고 싶다고 우겼었나 봐."

"그럼 나랑 있었던 일 때문에 결국 자퇴를 하게 된 건가?"

"그것보다 네가 갑자기 학교 안 나와서 더 충격을 받았던 것 같은데?"

현수는 내 등을 토닥여 주었지만, 결코 나 때문이 아니라는 말은 하지 않았다. 사실 나는 세형에게 미안하단 말을 하고 싶었다. 처음에 나는 세형이 나를 기만했다고만 생각했다. 그래서 참을 수 없이 화가 났던 것이다. 하지만 이제는 알았다. 내가 얼마나 어리석고 이기적인 아이였는지. 알량한 호기심을 채우겠다고 자기 자신과 힘겹게 싸우고 있었던 세형의 인내심을 자극했던 내가 너무도 부끄러웠다. 여행하면서 나는 내가 얼마나 좁은 시각으로 내 주변만 바라보고 살아왔는지를 처음 깨달았다. 좋은 부모님 밑에서 다른 걱정 없이 공부만 하며 살아도 되는 환경이 얼마나 축복받은 환경인지 예전엔 미처 알지 못했다. 극복하기 어려운 병을 앓거나 환경적인 한계로 할 수 있는 것보다 할 수 없는 게 더 많은 사람들이 너무도 많다는 사실 또한 몰랐다. 존재하지도 않는 지랄 총량의 법칙을 핑계로 나는 얼마나 되도 않는 지랄을 떨고 다녔던 걸까? 어쩌면 아빠의 말씀대로 인생에 지랄 총량의 법칙이 있는 것이 아니라, 인생 자체가 지랄 맞은 것인지도 모르겠다. 답답한 마음에 세형에게 전화를 걸었다. 여행 내내 전화를 걸고 싶었지만 직접 만나서 사과해야 할 것 같아서 전화하지 못했었다. 이제야 용기 내어 전화를 걸었지만 세형과 통화를 할 수는 없었다. 세형의 전화번호가 이미 결번이었기 때문이다.

"전화번호 바꿨나 보네. 그럼, 너 사물함에나 가 봐."

"사물함은 왜?"

"세형이가 네 사물함에 뭔가를 두고 가는 것 같았거든."

평소 사물함을 잠그지 않고 다니는 습관이 있던 것이 얼마나 다행인지 모르겠다. 바로 사물함으로 달려갔다. 맥없이 열린 사물함 속에는 몇 권의 참고서와 노트가 어질러져 있었고 그 앞에 못 보던 쪽지 하나가 얌전히 놓여 있었다. 세형이 남긴 쪽지였다. 한참

동안 쪽지를 읽다가 누가 볼까 싶어서 다시 접어 사물함에 넣었다. 그러고는 애써 비밀번호를 만들어 사물함 잠금 설정도 해 두었다. 문득 번들거리는 사물함에 비친 내 얼굴이 눈에 들어왔다. 얼굴의 형체만 겨우 보이는 수준이었지만, 내 입가에는 분명 잔잔한 미소가 내비치고 있었다.

　사람에게는 각자 쓸 수 있는 '지랄의 양'이 정해져 있다는 말을 들은 적이 있습니다. 젊을 때 안 쓰면 나중에 몰아서 쓰게 된다는, 어른들의 반쯤은 협박이고 반쯤은 위로 같은 말이었죠. 저는 그 말을 듣고 이런 생각을 했습니다. 그렇다면 혹시, 그 지랄에도 사용 설명서가 있지 않을까? 유통 기한은 청소년기까지일까? 아니면 평생 무료 이용권일까?

　〈지랄 총량의 법칙?〉은 아주 모범적으로 살아온 아이의 이야기 입니다. 문제를 만들지 않고, 선을 넘지 않고, 적당히 웃고, 적당히 참고, 적당히 착한 아이. 세상은 그에게 "잘하고 있다"라고 말하지 만, 정작 아이는 아무 일도 일어나지 않는 인생이 조금 무섭습니 다. 그래서 결심합니다. 나도 한 번쯤은 흔들려 보자고, 인생의 안

전모를 벗어던지고 계획적인 방황을 해 보자고요. 하지만 방황은 늘 계획을 싫어합니다. 가볍게 내딛은 발끝이 예상보다 멀리 미끄러지고, 주인공은 생각보다 크게 넘어집니다. 이 이야기를 쓰며 저는 '방황은 이벤트가 아니라 방향 감각'이라는 생각을 했습니다. 언제 탈선하느냐보다, 탈선한 뒤 무엇을 바라보느냐가 더 중요하다는 말입니다. 넘어지는 건 누구나 하지만, 어떤 사람은 흙을 털고 일어나고 어떤 사람은 그 흙으로 자기 지도를 그립니다. 주인공에게 지랄은 사고가 아니라 여행이, 상처는 길을 묻는 표식이 됩니다. 청소년기의 방황은 종종 문제로 여겨집니다. 하지만 저는 그것이 사실은 질문에 가깝다고 느낍니다. 내가 누구인지, 어디까지 갈 수 있는지, 지금 가는 길이 내 발로 선택한 길인지. 이 소설 속 주인공도 결국 자기 마음을 만나게 됩니다. 계획한 지랄보다 훨씬 더 큰 수확은, 자신을 관찰하게 되었다는 것일지도 모릅니다.

어쩌면 인생에서는 '지랄 총량'이 아니라 '깨달음의 용량'이 더 중요한지도 모르겠습니다. 시기가 아니라 내용이, 소란이 아니라 의미가 우리를 자라게 합니다. 조용히 살아도 성장할 수 있고, 크게 흔들려도 멈춰 설 수 있습니다. 중요한 건 흔들릴 때, 그 흔들림을 그냥 흘려보내지 않는 일입니다. 이 책을 읽는 누군가가 지금 살짝 비틀거리고 있다면, 저는 말해 주고 싶습니다. 넘어져도 괜찮다고, 다만 그 자리에 오래 눕지만 말자고. 그리고 묻자고.

"나는 지금, 어떤 사람이 되어 가고 있을까."

부디 〈지랄 총량의 법칙?〉이 웃기지만 가볍지 않고, 가볍지만 오래 남는 이야기이길 바랍니다.

평범한 소담

천지윤

천지윤 자신의 마음이 여러 사람의 마음에 닿기를 바라는 마음으로 글을 쓰고 그림을 그린다. 총총지(@chongchong_ji)라는 아이디로 인스타그램, 네이버 블로그, 브런치, 그라폴리오, 모툰이 등에 일상을 담은 힐링툰 '총지툰'을 연재하고 있다.

지은 책으로 《호프》《아이패드 드로잉 N잡러 되기 with 프로크리에이트》《안녕, 오늘 하루》 등이 있고, 함께 지은 책으로 《괴물이 된 아이들》《우주전함 강감찬》《디어 썸머》《내 인생의 스포트라이트》《아이돌》《그럼에도 불구하고》《미치거나 불안하거나》 등이 있다.

1. 김소담

소담.

평범하고 아름다운 느낌의 순우리말 단어를 찾다가 떠올라서 지은 이름이라고 했다. 하지만 소담은 그런 자기 이름이 참 싫었다.

"평범하고 아름답긴! 평범해서 노잼이야. 아 진짜 하필 성도 김 씨라니!"

우리나라에서 가장 많은 인구 비율을 차지하고 있는 성씨를 검색하면 '김 씨'가 결과로 나왔다. 소담은 성부터 이름까지 너무 흔하고 평범하다는 생각에 의기소침해졌다.

"성도 이름도 평범하다니. 으아, 이름 따라 평생 이렇게 평범하게 사는 거 아냐?"

거기다가 성적도 중위권에 키는 크지도 작지도 않게 느껴지는 160센티미터였다. 스스로가 느끼기에도 평범함 그 자체였다. 그때 엄마가 소담의 방문을 두드렸다.

"소담아, 김소담 뭐 해? 얼른 나와서 저녁 먹어!"

매일 비슷한 시간에 엄마가 차려 주는 아침, 점심, 저녁도 이제 지겨웠다. 소담은 이불을 뒤집어쓰며 볼멘소리를 냈다.

"지겨워, 지겨워. 모든 게 지겨워! 평범한 게 제일 싫어. 난 특별하고 싶다고!"

엄마가 조금 더 손에 힘을 실어 방문을 두드렸다.

"아빠 퇴근해서 배고프대. 기다리시잖아! 얼른 나와서 같이 밥 먹으라니까!"

"소담아 아빠 배고프다!"

"아, 먼저 먹고 있어요!"

"저녁은 같이 먹어야지! 퇴근했으니 우리 딸 얼굴도 좀 보고!"

"알겠어! 알겠다고요!"

소담은 이불을 발로 뻥 차고 침대에서 일어나 방문을 열었다. 그러고는 한숨을 쉬며 저녁이 차려진 식탁으로 향했다.

"또 된장찌개예요?"

된장찌개, 김치찌개. 매번 비슷한 집밥을 보니 소담은 김이 팍

샜다.

"김소담! 그게 무슨 말이야? 엄마표 된장찌개가 제일 맛있지! 여보, 고마워."

소담의 마음을 아는지 모르는지 아빠는 안경에 서린 김을 옷소매로 닦으며 손으로 하트를 만들어 엄마에게 발사했다. 모든 평범한 상황들과 진부한 요소들이 자신을 감싸고 있다는 생각이 들어 소담은 한숨이 푹 나왔다. 식사를 마치고 소담은 다시 방으로 향했다.

'소담이 방'이라고 캘리그라피로 적힌 문패가 방문 앞에 붙어 있었다. 요즘 주민 센터에서 배우고 있는 캘리그라피에 푹 빠진 엄마의 작품이었다.

"소담아, 어때? 예쁘지?"

"네에."

영혼 없는 표정을 지으며 대답을 마무리한 소담은 방 안으로 들어와 책상 앞에 앉았다. 그러곤 멍하니 탁상 거울에 비친 자신의 모습을 응시했다. 크지도 작지도 않은 눈, 코, 입. 평범하다. 지극히 평범했다.

"진짜 평범함 그 자체다! 따분해."

지루하고 무료하다는 생각이 소담의 머릿속을 가득 채워 갔다. 그러다 그 아이가 생각났다. 평범한 자신과는 다른 아이. 이아린.

2. 특별한 아이

땀을 뻘뻘 흘리며 열심히 달린 결과, 아슬아슬하게 지각을 피한 소담이 안도의 한숨을 내쉬며 교실로 향했다.

"휴, 다행이다."

소담은 와이셔츠를 손으로 흔들며 땀을 식혔다. 2학년 2반 뒷문을 열고 들어온 다음, 중간에 위치한 자기 자리로 가서 의자에 가방을 걸고 앉았다. 대각선 맨 앞자리에 위치한 아린이 자리에서 곧바로 보였다.

"와, 쟨 옆모습도 어쩜 저렇게 완벽하냐?"

아린은 특별함의 대명사였다. 왜 아이돌 기획사에 캐스팅되지 않았을까 생각하게 하는 확신의 센터 상이었다. 쌍꺼풀이 짙고 큰 눈, 오뚝한 코, 뽀얀 피부, 어깨보다 살짝 내려와 찰랑거리는 검은 머릿결의 소유자였다. 거기다 공부까지 잘하는 2학년 2반의 반장이었다.

'특별함이 인간화된 모습이 있다면 그건 바로 이아린일 거야.'

소담이 생각하며 아린의 옆모습을 바라보고 있는데 시선이 느껴졌는지 아린이 고개를 돌렸다. 깜짝 놀라 시선을 피하려는데 아린이 손을 흔들었다.

"소담아, 안녕?"

"아…. 아, 안녕!"

“태준이도 안녕?”

“어? 안녕.”

소담의 옆자리인 태준이 멋쩍게 아린의 인사에 답했다. 소담은 태준에게만 들릴 정도의 데시벨로 입을 움직였다.

“좋냐?”

“뭐가?”

소담은 알고 있었다. 본인의 짝인 태준이 아린을 좋아하고 있다는 사실을.

“차태준, 꿈도 꾸지 마라.”

“뭐래, 꿈을 가져야지. 우리는 앞날이 창창한 중 2라고. 샘들도 늘 꿈을 크게 가지라고 하잖아.”

소담은 알고 있었다. 태준과 아린이 꽤 잘 어울린다는 것을.

‘그래, 둘 다 공부도 잘하고 외적으로도 어울리고. 그래도 안 되는데….’

소담은 혼자 생각을 이어가다 고개를 절레절레 흔들었고, 그 모습을 본 태준은 볼펜 뒷부분으로 소담의 이마를 툭 쳤다.

“아아!”

“김쏘담, 엄살은. 살살 쳤잖아!”

아린이 그 모습을 보고 웃었다.

“너희 진짜 웃기당!”

아린의 애교 섞인 목소리를 들으며 싱그러운 미소를 바라보니 소담은 자연스럽게 미소가 지어졌다. 태준도 그런 아린을 바라보며 입을 열었다.

"보고 있었어?"

"응, 둘이 노는 게 재밌어서 나도 모르게. 훔쳐보려던 건 아닌데. 기분 나빴으면 미안해."

"아냐, 그럴 수도 있지."

아린은 성격까지 좋았다. 넘사벽이었다.

'차태준! 아린이와 사귀고 싶은 마음을 제발 접어라.'

소담은 염원하며 태준을 쳐다봤다.

"뭘 그렇게 쳐다보냐? 나 뚫리겠다."

"아니다."

아린과 대화하는 태준은 긴장했는지 약간의 경직된 미소를 보였다. 하지만 소담은 알 수 있었다. 차태준은 지금 행복하다는 것을. 태준 뿐만 아니라 누구든 아린과 대화하면 행복해했다. 태준과 대화하는 아린을 보니 유독 더 아린이 부러워졌다. 난 왜 저러지 못할까. 의기소침해진 소담은 오늘따라 평범한 자신에게 더 짜증이 났다.

'차태준! 날 좀 보라고. 널 좋아하는 건 쟤가 아니라 나라고.'

간절한 마음을 담아 소담은 볼펜으로 태준의 이를 툭 쳤다.

"아아!"

"뭐래 살살 쳤는데."

"아니야, 세게 쳤잖아!"

"엄살은!"

소담은 차오르는 말들을 꾹 눌러 담았고, 종소리가 크게 울려 퍼지며 수업 시작을 알렸다.

3. 벤치마킹

사실 소담은 중학교 1학년 때부터 태준을 남몰래 좋아했다. 1학년이 끝나 가자, 2학년 때는 다른 반이 되어 태준의 얼굴을 자주 보지 못할까 봐 속상했다. 놀랍게도 또다시 같은 반이 되었고, 소담은 속으로 쾌재를 불렀다. 하지만 아린을 좋아하는 것 같은 태준을 보니 괜히 심술이 났다.

"이럴 거면 다른 반이 되는 게 나았어."

좋아하는 상대가 다른 사람과 썸을 타는 모습을 바라만 봐야 한다니, 소담은 마음이 쓰라렸다.

"어우 속 터져!"

소담은 상담실 앞에서 고민하며 서성거리다가 문을 열었다. 찡그린 표정을 한 소담을 본 상담 선생님이 소담에게 말을 걸었다.

"무슨 일 있니?"

"선생님, 목표를 이루고 싶은데 방법을 모르겠어서 방황 중이면 어떻게 해야 하나요?"

"어떤 목표를 이루고 싶은데?"

"그건 말 못 해요!"

"그럼, 그 목표를 이미 이룬 사람이 있어?"

소담은 아린을 떠올리며 고개를 힘차게 끄덕였다.

"네!"

"그렇다면!"

선생님은 자리에서 일어나 칠판으로 다가갔다. 칠판에 벤치마 킹(benchmarking)이라는 글씨를 쓰며 말을 이어 갔다.

"벤치마킹이란 측정의 기준이 되는 대상을 설정하고 그 대상과 비교 분석을 통해 장점을 따라 배우는 행위야. 우리가 무언가를 이 루기 위해서 목표를 정하고 벤치마킹을 해 보는 건 좋은 방법이 지."

그 순간, 소담은 깨달음을 얻었다.

"선생님 감사합니다. 정말 감사합니다!"

"소담이 파이팅!"

상담실 문을 닫고 나오는 소담이의 발걸음은 가벼워졌다.

"그래, 이대로 두고 볼 순 없어!"

소담은 아린을 벤치마킹하기로 했다.

소담은 문구점에서 자신의 손바닥보다 조금 큰 공책을 구매했다. 그리고 서둘러 포장지를 뜯었다. 표지를 넘기고 나오는 첫 페이지에 네임 펜으로 괄호를 그린 다음, 공책 제목을 써 내려갔다.

〈이아린 관찰 일지: 벤치마킹을 위해서!〉

아린을 벤치마킹하기 위해 소담은 관찰 일지를 쓰기로 결정했다. 아린이 어떤 행동을 하는지, 어떤 표정을 짓는지 세심하게 관찰하기 위해 소담의 눈알은 바쁘게 움직였다. 옆자리에 앉은 짝이 실수로 지우개를 떨어트리자 아린은 자기 일인 것처럼 일어나서 지우개를 주워 줬다. 소담은 관찰 일지를 채워 가기 시작했다.

- 친절하다.

지우개를 받은 짝이 고맙다고 말하자 아린은 밝게 웃었다.

- 잘 웃는다.

수업 시간 발표를 하는 아린의 모습은 당당하고 멋져 보였다.

- 발표도 잘~한다…!

이럴 수가! 열심히 관찰하면 할수록 이 아이는 완벽했다.

"아니, 이걸 어떻게 벤치마킹하냐?"

소담은 점심을 먹고 난 후, 쉬는 시간에 한숨을 푹 쉬며 관찰 일지를 써 내려갔다.

– 점심시간에 교실에 잘 없다.

몇 주 동안 아린을 관찰한 결과, 신기하게도 아린은 점심을 먹고 난 후 교실에 없을 때가 많았다. 돌아오는 시간은 매번 다르지만, 수업이 시작되기 전까지는 꼭 다시 나타났다.

"점심시간 동안 어딜 가는 걸까?"

그때, 프로젝트의 시작점인 태준의 목소리가 점점 가까워졌다.

"김소담, 밥 잘 먹었냐? 뭘 그렇게 열심히 적냐?"

"아… 아무것도 아니야!"

소담은 황급히 관찰 일지를 교복 주머니에 숨겼다. 그리고 교실로 들어온 아린을 바라봤다. 아린은 가방에 검은색 파우치를 넣고 있었다.

"저 검은색 파우치는 뭘까?"

잠시 뒤, 아린이 불안한 듯이 주변을 두리번거리다가 가방에서 검은색 파우치를 다시 꺼내고 자리에서 일어났다.

"어? 쟤 어디 가지?"

소담이 교실 밖으로 나가는 아린을 따라가려 자리에서 일어난 순간, 태준이 소담의 어깨를 툭 쳤다.

"야, 이거 흘렸어. 덜렁 대지 말고 잘 좀 챙겨!"

태준의 손에 관찰 일지가 들려 있었다. 급하게 주머니에 넣으려다가 떨어트린 게 분명했다. 순간 소담의 두 눈동자가 흔들렸다.

"내용 봤어?"

"아니."

"진짜 안 봤어?"

"그래, 방금 바닥에서 주워서 바로 준 거라 볼 시간도 없었어. 관심도 없고."

관심도 없다는 말이 소담의 마음에 콕 박혔다. '그래, 그러면 그렇지. 넌 이아린한테만 관심이 있지'라는 생각에 뾰로통한 표정을 지으며 소담이 자리에서 일어났다.

"주워 줬는데 표정이 왜 그러냐? 고맙단 말 안 하냐?"

"너무 고맙다!"

소담은 아린을 찾기 위해 급하게 복도로 나갔다. 하지만 아린은 보이지 않았다. 소담의 아린 찾기 게임이 시작되었다.

"아, 어디 갔지?"

소담은 먼저 2층에 있는, 가장 가까운 2학년 화장실로 들어갔다. 소담은 맨 앞 변기 칸부터 문을 두드리고 열어 봤다. 3층에 있는 1학년 화장실도, 1층에 있는 3학년 화장실도 꼼꼼히 찾아봤지만 아린은 없었다.

"앤 대체 어디에 있는 거야?"

무작정 아린을 찾기 위해 소담은 정처 없이 학교 안 이곳저곳을 돌아다녔다. 하지만 운동장에도, 강당에도 아린은 없었다. 운동장 계단에 앉아서 아린이 어디 있을지 고민하고 있는데 '매점'의 'ㅁ'이 떨어진 간판이 붙어 있는 운동장 건너편 건물에서 아린이 나왔다.

"어? 저긴 예전 매점이 있던 곳인데?"

지금은 매점이 사라져서 사람들이 거의 다니지 않는 건물이었다. 아린은 검은색 파우치를 손에 꽉 쥐고 학교 건물로 들어갔다. 소담은 아린과 열 걸음 정도 거리를 두고 아린의 뒤를 따라 갔다. 아린은 아무 일 없었다는 듯 교실로 들어갔고, 소담도 얼마 뒤 교실로 들어갔다. 수업 시작을 알리는 종소리가 울려 퍼졌다. 소담은 관찰 일지를 꺼냈다.

- 검은색 파우치에는 뭐가 들었을까?
- 매점 건물에 왜 들어간 걸까?

학교를 마치고 집으로 돌아가는 길에도 소담은 의문이 풀리지 않아 고개를 갸웃거렸다.

4. 비밀

이상했다. 점심시간이 끝나는 종소리가 들렸지만 아린은 자리에 돌아오지 않았다. 교실에 들어온 선생님이 아린은 어디 있느냐고 물었지만, 그 누구도 알지 못했다.

수업이 시작된 지 10분이 지났는데도 아린은 모습을 보이지 않았다. 소담은 최대한 화장실이 급한 표정을 지으며 손을 번쩍 들었다.

"선생님 저 화장실 좀 다녀오겠습니다."

"그래, 다녀와."

소담이 아린을 집중적으로 관찰하는 동안 점심을 먹고 난 후 수업이 시작되기 전까지 아린이 교실을 비우는 경우는 많았다. 하지만 수업 시간에 자리를 비운 건 소담이 아린의 관찰 일지를 쓰기 시작한 이후로 처음이었다. 아린을 찾기 위해 교실을 나온 소담은 화장실로 향했다.

"화장실에 휴지가 없나?"

소담은 맨 앞 칸부터 두드리며 문에 붙어서 속삭였다.

"아린아, 여기 있어? 혹시 휴지 없으면 내가 옆 칸에서 뜯어서 줄게!"

하지만 화장실에서는 아무런 인기척도 나지 않았다.

"혹시?"

며칠 전 매점 건물에서 나오던 아린의 모습이 소담의 머릿속을 스쳤고, 소담은 그곳으로 발걸음을 빠르게 옮겼다. 그러고는 조심스럽게 건물 안으로 들어갔다. 매점은 텅 빈 상태였고, 의자들만 무질서하게 놓여 있었다. 조심스럽게 주변을 살펴보는데 끅끅거리는 소리가 희미하게 들려왔다. 소담은 숨을 죽이고 소리를 따라 천천히 걸어갔다.

소리가 소담을 데려간 곳은 매점 화장실이었다.

"끅, 어디… 끅, 있는 거야?"

주저앉아 있는 아린의 뒷모습이 보였다. 아린은 무언가를 찾아야 한다는 듯이 정신없이 양손으로 바닥을 이리저리 짚어 보고 있었다. 대체 뭘 찾고 있는지 더 자세히 보기 위해 소담은 천천히 아린에게 다가갔다. 화장실 안으로 들어가자 여러 음식이 섞인 것 같은 냄새가 나서 소담은 손등으로 코를 막았다. 화장실 바닥에 검은색 파우치, 파우치에 들어갈 크기의 식염수 그리고 렌즈 통이 널브러져 있었다. 소담이 뒤에 있는 것도 모르고 아린은 훌쩍이며 계속 무언가를 찾는 데 정신을 쏟고 있었다. 소담은 아린을 불렀다.

"저기 아린아."

아린은 움찔하더니 뒤를 돌아봤다. 아린과 소담의 눈이 마주쳤다. 소담을 본 아린은 급하게 고개를 돌리고 손으로 왼쪽 눈을 가렸다. 그리곤 소리를 질렀다.

"악! 뭐야 너 왜 여기에…?"

찰나의 순간이었지만 소담은 봐 버렸다. 녹색과 갈색이 섞여 있는 아린의 독특한 왼쪽 눈동자 색을.

"어, 그게 내가 여기에 왜 왔냐면…."

소담이 변명하려고 아린에게 다가가자, 아린은 급하게 일어나서 자리를 피하려 했다. 그 순간, 소담은 화장실 바닥에 떨어진 검은색 컬러 렌즈를 발견했다. 아린이 일어나서 한 발짝만 움직이면 밟힐 거리에 위치해 있었다.

"잠깐만, 움직이지 마!"

검은색 컬러 렌즈를 손가락으로 조심스럽게 집은 소담이 손가락에 올린 렌즈를 아린이 쪽으로 향하게 보여 줬다.

"혹시 찾는 게 이거야?"

아린은 왼쪽 눈을 가리고 소담에게 다가와서 렌즈를 확인하곤 고개를 끄덕였다.

"여기."

렌즈를 건네받은 아린은 식염수로 세척하고 급하게 왼쪽 눈동자에 검은색 렌즈를 끼웠다.

"찾아 줘서 고맙긴 한데…. 네가 왜 여기에 있는 거야?"

아린이 헝클어진 머리를 매만지며 경계심을 담은 눈빛으로 소담을 쳐다봤다.

"그… 그게…."

'내가 좋아하는 애가 너를 좋아해서 너를 벤치마킹하려고 관찰

하고 있었어. 난 너무 평범해서 특별하고 빛나 보이는 네가 너무 부러웠어. 너를 닮고 싶어'라는 말을 사실대로 해야 하나, 소담은 고민에 빠졌다. 몇 초의 정적이 흐르고, 아린이 입을 열었다.

"말하기 싫으면 관둬. 뭐 때문에 여기 있는지 모르겠지만, 내 눈동자 색 본 거 비밀로 해 주라. 부탁이야, 소담아."

"알겠어. 그럴게."

"진짜지?"

아린은 못 믿겠다는 듯이 소담을 힐끗힐끗 쳐다봤다.

"못 믿겠어?"

"응. 조금."

"그럼 나도 비밀 말할게! 서로 비밀 지켜 주기! 어때?"

아린이 고개를 끄덕이자, 소담은 윗입술을 올려서 앞니를 보여 줬다.

"나 어릴 때 넘어져서 앞니가 부러졌어. 오른쪽 앞니 가짜야. 조금만 자세히 보면 잇몸 색도 약간 이상하고, 보여 주기 부끄러워서 최대한 이를 안 보이게 하려고 노력해. 웃을 때는 가리고 웃어. 다른 사람한테 이렇게 자세하게 보여 준 거 처음이야. 비밀이다!"

"응, 비밀 지켜 줄게."

아린은 그제야 안심이 된 듯 옅은 미소를 지어 보였다.

"그리고 난 아린이 너처럼 되고 싶어."

"나처럼? 왜?"

"그야, 넌 처음 볼 때부터 호감이 갔는데, 발표도 잘하고, 인기도 많으니까! 넌 엄청 특별하잖아."

"특별이라, 네가 볼 때도 내가 특별해 보여?"

"응!"

"그렇구나."

아린의 표정이 왠지 모르게 씁쓸해 보였다.

"난 특별하고 싶지 않아."

"왜? 난 특별한 네가 부러운데. 나 비밀 하나 더 있거든? 기분 나쁠 수도 있는데…. 사실, 나 네가 부러워서 좀 관찰했어."

소담은 주머니에서 이아린 관찰 일지를 꺼내서 아린에게 건넸다. 아린은 관찰 일지를 받아서 말없이 페이지를 넘겼다.

"봐, 너 정말 짱이지?"

"내 눈동자 색이 이런데도 나처럼 되고 싶어?"

"응, 특별하잖아."

"나 눈 때문에 고생 많이 했어. 학교에서는 렌즈 끼지 말라고 혼나고, 애들이 내 눈동자 색을 보고는 징그럽다고 놀리기도 하고, 이끼 같다며 없애 버리고 싶다는 말도 들었어."

"없애 버리고 싶다고 누가 그래? 난 그것도 특별해 보여서 부러운데."

"다들. 어릴 때 눈동자 색으로 놀림 많이 받았어. 난 특별하고 싶지 않아. 남들처럼 평범하고 싶어."

하지만 소담은 아린의 말에 공감이 되지 않았다. 아린이 숨기려고 노력하는, 녹색과 갈색이 섞인 오묘한 눈동자 색조차도 아린에게 특별함을 더해 주는 것 같았다.

"난 평범한 게 싫어. 너처럼 특별해지고 싶어. 넌 눈동자 색까지 특별하잖아. 선택받았어!"

소담은 '그래서 태준이도 너를 좋아하잖아!'라는 말을 이어서 하려다가 꾹 참았다.

"너 정말 나처럼 되고 싶어?"

"응."

망설임 없이 고개를 끄덕이는 소담의 모습을 보고 아린은 복잡하고 미묘한 표정을 지었다. 그때, 소담은 코를 킁킁거렸다.

"근데 아까부터 이상한 냄새 나지 않아? 음식물 쓰레기 냄새 같은?"

"아, 맞다."

그 말을 들은 아린은 화장실 마지막 칸으로 들어가 변기 물을 내렸다.

5. 컨트롤 C (복사하기)

변기 물을 내리고 나온 아린이 소담을 보며 입을 열었다.

"소담아, 몰래 숨어서 관찰 일지 그만 써."

"알겠어. 몰래 관찰해서 기분 나빴지? 미안해."

"솔직히 좀 당황하긴 했어."

"정말 미안해."

"그냥 내가 직접 알려 줄게. 나처럼 되는 법."

"진심이야?"

"응, 궁금한 건 다 알려 줄게. 뒤에서 말고 앞에서 써, 관찰 일지."

아린은 고개를 끄덕였다. 그러곤 바닥에 널브러진 식염수와 렌즈 통을 검은색 파우치에 담고 소담에게 다가와 손을 잡았다.

"일단 얼른 교실로 가자."

"응!"

둘은 건물을 나와 교실로 향해 뛰어갔다.

그날 이후, 쉬는 시간이 되면 소담은 아린의 옆자리로 향했다.

"아린아, 발표는 어떻게 하면 잘할 수 있어?"

"음, 어렵지 않아. 발표를 잘하려면 첫인상을 좋게 심어 주는 게 중요해."

"첫인상?"

"응!"

아린이 공책을 꺼내 동그란 원을 그렸다. 그리고 원의 중심에 점을 찍고 원에서 12시가 있는 곳에 또 점을 찍은 다음 두 점을 연결했다. 곧바로 펜을 떼고 7시가 있는 곳에 점을 찍은 후에는 중심

점과 연결했다. 그리고 그 면적에 펜으로 '시각적 요소'라는 글씨를 썼다.

"메라비언 법칙에 따르면 시각적인 요소가 첫인상과 호감을 결정하는 데 55퍼센트를 차지한대."

"시각적인 요소?"

"응, 우리의 표정, 복장, 머리 스타일처럼 눈으로 보이는 거."

"진짜? 그럼, 나머지는 뭔데?"

아린이 11시 방향에 점을 찍고 중심점에서 이은 다음 '청각적 요소'라고 썼다.

"38퍼센트는 목소리의 크기, 포즈, 말을 하다가 중간에 끊어 주는 정적의 시간과 같은 청각적 요소야."

"그럼 나머지는?"

마지막 남은 면적에 빗금을 그으며 아린은 '내용'이라고 썼다.

"나머지 7퍼센트는 전문적인 말의 내용이야. 시각적인 요소로 호감을 얻으면 목소리의 크기와 전달하려는 내용이 조금 이상해도 믿게 되는 거지."

"엥? 전달하려는 내용이 7퍼센트인 게 말이 안 돼!"

소담은 고개를 갸우뚱거리며 눈을 크게 떴다.

"소담아, 사실 나 태준이랑 사귀어."

아린은 두 눈을 반짝이며 소담을 바라보곤 말했다.

"뭐? 진짜?"

청천벽력이었다. 아린과 태준이 잘 될까 걱정이 되어서 태준이 아린이를 좋아하는 것 같다는 말을 아린에게 하지 않은 소담이었다. 역시 만날 인연은 만나는 것인가. 아린을 벤치마킹하는 가장 큰 이유가 태준의 마음을 얻기 위해서였는데, 여러 생각이 겹치며 소담의 표정이 일그러졌다.

"뻥이야."

아린이 피식 웃으며 말했다.

"아 뭐야."

"너 방금 믿었지?"

"으응. 표정에 깜빡 속았어."

"봐. 이렇게나 시각적 요소가 중요해. 그래서 내가 제일 신경 쓰는 게 시각적 요소야."

소담은 드디어 깨달았다는 표정을 짓고 고개를 격하게 흔들었다.

"일단 잘 웃어야 해. 첫인상에서 호감을 얻는 데 웃는 건 정말 중요해."

소담은 아린이 그린 그림을 그대로 따라 그렸다. 원을 그리고 면적을 나눈 다음, '55퍼센트 시각적 요소', '38퍼센트 청각적 요소', '7퍼센트 말의 내용'을 따라 적었다. 그렇게 소담은 아린에게 이것저것 물어보며 아린의 말투, 행동, 표정을 열심히 복사했다.

점심시간이 되었고, 소담과 아린은 밥을 먹었다. 아린은 몇 숟갈

뜨지 않고 자리에서 일어났다.

"아린아 벌써 다 먹었어?"

"응."

밥을 다 먹은 아린이 아직 먹고 있는 소담에게 다가와 말을 걸었다.

"소담아, 궁금하지? 내가 점심시간에 사라지는 이유."

"어, 응."

"알려 줄게. 밥 다 먹고 거기 화장실로 와. 먼저 가 있을게."

"응."

밥을 다 먹은 후 소담은 매점이 있던 건물 화장실로 향했다. 화장실에 도착하자, 괴로워하는 소리가 들렸다.

"우웩, 으윽, 우웩."

"아린아, 왜 그래?"

소담은 소리가 나는 화장실 끝 칸을 향해 달려가서 문을 활짝 열었다.

"허억!"

화장실 끝 칸 안의 광경을 본 소담은 벌어진 입을 두 손으로 가렸다.

"으윽, 왔어?"

변기 앞에 앉아서 고개를 숙이고 있던 아린이 고개를 들어 돌리고 소담을 올려봤다. 아린의 두 눈가는 촉촉했고 피부는 붉어져 있었다.

"뭐 하는 거야?"

소담은 자신이 두 눈으로 보고 있는 장면이 무슨 상황인지 혼란스러웠다.

"토하고 있었어."

그러다 저번에 처음 이곳에서 아린을 만났을 때 맡았던 냄새의 원인이 저것이었다는 걸 깨달았다. 아린은 매번 그래 왔다는 듯이 변기를 잡고 일어나 손으로 토를 닦고 변기 물을 내렸다.

"이것까지 따라 하지는 않아도 돼. 하지만 시각적인 요소가 가장 중요하다고 했잖아. 만약 따라 할 거면 물어봐. 어떻게 하는지 알려 줄게."

멍하게 서 있는 소담을 지나친 아린은 익숙한 듯이 세면대로 가서 손을 씻었다.

"난 밥 먹고 바로 비우는 게 제일 좋더라고."

당황스러웠지만 소담은 컴퓨터 오피스 프로그램에서 컨트롤 C를 눌러 복사하기를 하는 것처럼 일단 이 장면도 눈에 담으며 머릿속에 복사했다.

6. 컨트롤 V (붙여 넣기)

소담은 복사한 아린을 자신에게 하나씩 붙여 넣기 시작했다. 오피스 프로그램에서 컨트롤 C를 눌러 복사한 다음에, 컨트롤 V로 붙여 넣기를 하는 작업처럼.

어떤 상황이든 웃는 표정을 유지했고, 옅은 화장법과 머리 손질 방법도 아린에게서 배웠다. 외적인 모습은 아린과 비슷해졌지만 한 가지 따라가기 힘든 것이 있었다.

"다 비슷한데, 살이⋯."

바로 살. 힘들게 식사량을 줄여 봐도 아린처럼 되는 것은 쉽지 않았다. 소담은 깊은 고민에 빠졌다. 화장실에서 봤던 충격적인 그 행위까지 자신에게 붙여 넣는 것이 맞는지. 그렇게까지 해야 하는 건 아니라고, 그것까진 아니라고, 절대 아니라고 처음에는 생각했다.

"아린이처럼 되고 싶어. 그래야 특별해지고, 그래야 태준이도⋯."

하지만 시간이 갈수록, 아무리 생각해 봐도 아린처럼 특별해지려면 그 방법을 따라 해야 될 것 같았다. 소담은 아린에게 다가갔다.

"나도 그거 할래."

아린이 소담에게 귓속말을 했다.

"그래, 그럼 점심 먹고 오늘 같이 가자."

점심을 먹고 소담과 아린은 학교 건물을 나와 운동장을 가로질러 지나갔다. 소담은 걸어가면서도 이게 맞나 싶어 주춤거렸다. 그러자 아린이 소담의 손을 잡았다.

"괜찮아, 내가 잘 알려 줄게."

화장실에 도착한 아린은 익숙하다는 듯이 주먹을 쥔 상태에서 두 번째 손가락만 펴며 말했다.

"변기 앞에 앉아서 머리를 변기 속에 조금 넣고, 두 번째 손가락을 입안에 쑥 넣는 거야."

아린은 손가락을 자신의 입안에 넣는 시늉을 하며 말했다. 소담은 잘 이해가 되지 않는 듯한 표정을 지으며 고개를 갸웃거렸다.

"자, 뒤에 서서 내가 하는 거 봐. 그러면 좀 이해가 될 거야."

아린은 익숙한 듯이 자세를 잡고 우웩, 소리를 내며 먹은 음식물을 토했다. 그 모습을 뒤에서 보니 괴상하고 기이하다는 생각이 자꾸만 드는 소담이었다.

"으음…."

"다 했다. 나 봐. 금방 끝나지? 괜찮아. 처음에만 힘들 것 같아서 그렇지 막상 해 보면 어렵지 않아. 너도 한번 해 봐."

눈시울이 붉어진 아린은 소담을 보며 미소를 지어 보였다. 소담은 잠시 망설이다가 변기 앞으로 갔다. 손가락을 넣자, 구역질이 나서 바로 손가락을 뺐다.

"안 될 것 같아."

"아니야. 구역질이 날 때 손가락을 빼지 말고 가만히 둬 봐."

"으, 윽. 우웩."

울컥, 소담이 먹었던 음식들이 변기 안으로 쏟아져 나왔다.

"거 봐. 어렵지 않지?"

"속이 울렁거려."

"어쩔 수 없어."

소담은 이게 정말 맞는 방법인지 머리가 복잡하고 혼란스러웠지만, 특별한 아린이 너무도 부러웠기 때문에 일단 아린을 따라 하기로 했다.

처음에는 어려웠지만 음식을 게워 내는 것도 점점 익숙해졌다. 붓기가 사라지는 자신을 보니 소담은 아린처럼 특별해진 것 같은 기분이 들었다. 점심시간이 끝나 갈 때쯤 매점 건물에서 나온 소담과 아린은 함께 교실로 향했다.

"소담아, 오늘 학교 끝나고 뭐 해?"

"뭐 없는데?"

"그럼 나랑 어디 좀 같이 가자."

"어디?"

"가 보면 알아."

"그래."

수업이 끝나고 소담은 아린을 따라 버스를 탔다. 두 자리가 붙어 있는 버스 좌석에 나란히 앉았다. 아린이 창문을 보며 입을 열었다.

"난 남들한테 잘 보이기 위해서 매번 노력하니까 속에 스트레스가 쌓여. 너도 그렇지 않아? 우리 쌓인 스트레스 풀러 가자."

"어떻게?"

"가서 내가 알려 줄게."

열 정거장을 지나고 아린이 버스에 달린 벨을 누르자 빨간색 불이 들어왔다. 얼마 뒤 둘은 버스에서 내렸다. 소담은 눈앞에 보이는 큰 건물의 간판을 읽었다.

"다있박스? 여긴 왜?"

대형 문구점이었다. 아린이 소담의 손을 잡고 문구점으로 발걸음을 옮겼다.

"들어가자!"

문구점에 들어오자, 아린이 소담에게 귓속말을 했다.

"일단 각자 아이쇼핑 하자!"

"아이쇼핑?"

"응, 눈으로 마음에 드는 걸 살펴보는 거지! 마음에 드는 거 골라 봐!"

아린은 익숙하다는 듯이 2층으로 올라갔다. 소담은 1층을 둘러보다가 아린의 것과 똑같은 검은색 파우치를 발견했다.

"그것도 여기서 산 거구나."

1층을 다 돌아보고 2층으로 올라갔다. 아린은 3층으로 올라갔는지 보이지 않았다. 2층의 액세서리 코너에서 마음에 드는 팔찌를 발견했다. 소담은 팔찌를 집어서 손바닥 위에 올렸다.

"우와."

하늘색과 흰색이 섞여 있고, 반짝이는 팔찌는 다른 팔찌들보다 특별해 보였다. 그 팔찌에 자꾸만 시선이 가서 소담은 눈을 떼지 못했다.

"그거 마음에 들어?"

언제 왔는지 아린이 소담의 옆에 서서 코를 살짝 찡그리며 물었다.

"응."

"그럼 그걸로 하자."

소담은 하트 모양의 반지를 들고 있는 아린을 쳐다보며 머뭇거렸다.

"왜?"

"그게…. 나 이거 살 돈이 없어."

"괜찮아. 나도 없어."

"응?"

아린은 순식간에 소담의 주머니에 팔찌를 넣고, 자신의 주머니에도 반지를 넣었다.

"아린아, 이건…."

소담이 멈춰서 말을 이어가려는데 아린이 청아한 목소리로 소담에게 속삭였다.

"한번 해 봐. 난 이렇게 하니까 스트레스가 확 풀렸어. 이렇게 한

번씩 일탈하면서 해소하는 거야!"

벽에 '절대 훔치지 마시오. 훔치다 걸리면 50배 배상!'이라고 적힌 종이가 붙어 있었다. 소담은 벽을 가리켰다.

"그래도 이건 좀 아닌…."

"김소담, 망설이면 망해!"

아린은 소담이 생각할 겨를도 없이 소담의 손을 꼭 잡고 1층으로 내려갔다.

7. 컨트롤 Z (되돌리기)

어정쩡하게 1층으로 향하는 계단을 내려오는 소담에게 아린은 속삭였다.

"이러다 들켜. 그러면 끝이야!"

우물쭈물 망설이는 소담의 손을 아린이 더 꼭 잡고 출구를 향해 걸어갔다. 그 순간, 뒤에서 누군가가 아린의 어깨를 탁, 잡았다.

"학생, 잠깐만."

문구점 직원이었다.

"뛰어!"

아린이 소담에게 소리쳤다. 아린은 직원의 손을 뿌리쳤고, 둘은 문구점에서 나가기 위해 달렸다.

“아악!”

도망가던 아린이 직원에게 잡혔다. 순간 소담은 놀라서 뒤를 돌아봤다. 아린이 외쳤다.

“얼른 도망가!”

아린보다 빨리 달린 소담은 문구점을 벗어났다. 한참을 달린 소담은 멈춰 섰다. 뒤돌아봤지만 아무도 따라오지 않았다.

“휴.”

잠시 안도의 한숨을 내쉰 소담은 주머니에서 팔찌를 꺼냈다. 팔찌를 보는 순간 마음이 무거워졌다. 이건 분명 옳지 않은 일이었다. 해선 안 될 일이었다. 지금 돌아가지 않으면 되돌릴 수 없을 것 같았다.

“이건 아니야.”

되돌리기로 결심했다. 오피스 프로그램에서 컨트롤 Z를 눌러 되돌리기를 하는 것처럼, 소담은 도망쳤던 길을 다시 되돌아갔다.

문구점으로 들어간 소담은 계산대에 있는 직원에게 다가갔다. 그러곤 주머니에 있던 팔찌를 꺼내 계산대에 올렸다.

“저기…. 그러니까 제가 이걸 훔쳤어요.”

“음, 따라 와.”

소담의 이야기를 들은 직원은 표정이 굳어지더니 소담을 데리고 창고로 향했다. 창고 안은 문구점의 밝은 빛이 희미하게만 들어

와서 어두웠다. 의자에 아저씨가 앉아 있었고, 아저씨 앞에 아린이 안절부절 어쩔 줄 몰라 하며 서 있었다. 직원이 입을 열었다.

"사장님, 애도 훔쳤대요."

직원은 아린의 옆을 가리켰다.

"저기 사장님 앞으로 가. 사장님이랑 이야기해!"

소담도 바들바들 떨며 아린의 옆으로 가서 섰다.

"휴대폰 내놔!"

아저씨가 큰소리를 쳤고, 소담은 휴대폰을 주머니에서 꺼내 아저씨에게 건넸다.

"비밀번호 풀어!"

"비밀번호는 왜요?"

"부모님한테 전화 걸 거야!"

부모님을 부른다는 말에 소담은 아득해졌다. 부모님만은 부르면 안 된다는 생각이 들어 두 손바닥을 맞대고 빌었다.

"제발, 잘못했어요. 한 번만 봐주세요."

"뭘 한 번만 봐줘! 옆에 친구도 엄마 불렀으니까 빨리 비밀번호 풀어!"

당황한 소담이 아린을 쳐다봤지만 아린은 벌벌 떨며 바닥에 시선을 고정하고 있었다. 다시 휴대폰을 건네받은 소담은 떨리는 손으로 비밀번호를 풀었다. 아저씨는 소담의 엄마에게 전화를 걸어 자초지종을 설명했다.

"이제 너희들 엄마 오실 거다! 어디 물건을 훔쳐!"

잠시 뒤, 씩씩거리며 선글라스를 쓴 아줌마가 창고로 들어왔다. 아저씨가 물었다.

"누구 엄마에요?"

"엄마 아니에요!"

아줌마는 아린에게 다가가더니 착 소리가 나게 아린의 뺨을 때렸다.

"교통사고로 부모 잃은 거 거둬서 키워 줬더니 보답을 이딴 식으로 해? 잘하라고 했지? 이끼 같은 게. 확 없애 버려야 하는데."

"죄송해요. 이… 이모."

소담은 아린의 손을 잡았지만, 아린은 힘없이 소담의 손을 놓았다. 아린의 이모는 50배 금액을 배상한 뒤 아린의 머리채를 잡고 창고를 떠났다. 혼자 남은 소담은 엄마가 어떤 반응을 보일지 두려워 온몸이 달달 떨렸다.

30시간 같던 30분이 지나고, 소담의 엄마가 떨리는 목소리로 소담을 찾는 소리가 들렸다.

"여기 소담이 있나요?"

"엄마…"

엄마의 얼굴을 보자 소담의 두 눈에 왈카닥 눈물이 고였다. 소담의 엄마는 사장 아저씨에게 고개 숙여 사과했다.

“정말 죄송합니다. 죄송합니다. 제가 똑바로 교육을 시켰어야 했는데. 죄송합니다.”

사과하는 엄마의 모습을 보니 소담의 두 눈에서 눈물이 더 쏟아졌다.

“죄송합니다. 정말 죄송합니다.”

“바늘 도둑이 소도둑 됩니다. 다시는 이러지 않게 하세요. 50배로 배상하셔야 합니다. 팔찌가 만 원이니까 50만 원이요!”

엄마는 배상을 마치고 벌벌 떨고 있는 소담의 손을 잡았다.

“가자.”

소담의 손을 잡은 채로 엄마는 아무 말없이 문구점을 나왔다. 소담은 그런 엄마를 따라 문구점을 나왔다. 문구점을 나오자 엄마는 소담의 손을 놓고 앞으로 걸어갔다. 멀어지는 엄마를 따라가며 소담이 떨리는 목소리로 말했다.

“죄송해요. 제가 잘못했는데 엄마가 사과를….”

말을 다 마치지 못하고 소담은 꺽꺽거렸다.

“나한테 미안할 일도 맞는데! 김소담, 너 자신한테 제일 미안해야 해. 다시는 그러지 마.”

“네.”

엄마가 멈춰 섰고, 소담은 엄마 뒤에 멈춰 섰다.

“아빠한테는 말 안 할 거야. 말하면 얼마나 혼날지 모르니까.”

“네.”

“그 대신 이거 절대 버리지 말고 잘 간직해. 오늘 일은 절대로 잊어버리지 말고.”

엄마는 뒤돌아서 50만 원짜리 팔찌를 소담에게 건넸고, 팔찌를 받은 소담은 고개를 끄덕였다.

“가자.”

엄마가 집으로 가는 버스를 타기 위해 걸어갔다. 소담은 그런 엄마의 등을 보며 뒤를 따라 걸어갔다. 버스 정류장에 도착한 후, 버스를 기다리면서 엄마는 소담의 손을 꼭 잡았다.

8. 평범한 소담

그날 이후 소담은 이아린 관찰 일지를 잃어버렸다. 그리고 더 이상 아린을 학교에서 볼 수 없었다. 선생님은 아린이 급하게 사정이 생겨 전학을 갔다고 했다. 소담은 아린의 자리가 비어 있는 것을 멍하니 바라보다가 무심결에 책상 서랍으로 손을 넣었다. 그런데 익숙한 크기의 질감이 손끝에 닿았다.

“설마?”

꺼내 보니 이아린 관찰 일지였다. 소담은 자신이 정성스럽게 작성한 관찰 일지를 한 페이지씩 넘겼다.

“어?”

그러곤 글이 적혀 있는 마지막 페이지에서 손을 멈췄다.

<소담에게>

안녕? 나야, 이아린.

날 닮고 싶어 하는 너한테 흥미가 생겨서 내 방식을 알려 줬는데, 너와 맞지 않는 옷을 입혀 버린 것 같았어. 솔직히 너랑 어울리지 않더라. 넌 항상 평범한 게 싫다고 했지만, 난 평범한 김소담이 참 좋았어. 넌 특별한 내가 부럽다고 했는데, 난 평범한 네가 부러웠거든. 아무리 노력해도 난 평범해질 수 없더라고.

난 전학을 가게 될 것 같아. 최근에 어디서 봤는데, 누구에게나 자신의 강점을 활용한 생존법이 있대. 누군가는 친절함이, 또 누군가는 냉철함이 살아가는 방식이더라. 사실 나는 아직 내 강점이 뭔지 모르겠어. 하지만 내 강점을 찾아서 꼭 살아갈 거야. 올바른 방식으로. 그럼 잘 지내.

소담은 언젠가 아린이 했던 그 말을 이제야 이해할 수 있었다.

"난 특별하고 싶지 않아. 남들처럼 평범하고 싶어."

평범함도 특별함 못지않게 쉽게 이루어지지 않는다는 것을, 평범함이 자신의 생각보다 훨씬 소중하다는 것을 소담은 깨달았다.

비어 있는 아린의 자리를 소담이 멍하니 바라봤다. 태준이 소담의 옆자리에 와서 앉았다. 소담은 태준을 힐끗 보며 말했다.

"너 아쉽겠다."

“뭐가?”

“아린이 전학 가서.”

“걔가 전학 간 거랑 내가 아쉬운 거랑 뭔 상관이야?”

“너 좋아했잖아.”

“누굴?”

“아린이.”

“뭔 소리야.”

“너 좋아하는 애, 아린이 아니야?”

“아닌데? 나 다른 애 좋아하는데?”

“엥? 아린이가 아니면 누구야?”

태준이 볼펜으로 소담의 머리를 탁 치며 말했다.

“빨리 수업 준비해.”

아린이 아니면 대체 차태준의 마음을 훔친 아이는 누구란 말인가. 소담은 혼란에 빠졌다.

“아니, 대체 누구지?”

집으로 가는 길 내내 머리로 생각하다 보니 어느새 소담의 몸은 집 앞에 도착해 있었다. 집에 온 소담은 방으로 들어가 가방을 내려놓다가 가방 옆 주머니에 손바닥 크기의 공책이 끼워져 있는 것을 발견했다.

“이게 뭐지?”

공책 첫 장을 넘기자, 검은색 볼펜으로 쓰여 있는 글씨가 보였다.

〈차태준의 김소담 관찰 일지〉

다음 페이지를 넘기자, 태준이 소담을 관찰한 내용이 적혀 있었다.

- 근데 밥은 좀 예전처럼 잘 먹었으면 좋겠음. 요즘 너무 안 먹음.
- 그리고 공부도 좀 열심히 했으면 좋겠음.

소담은 태준이 쓴 김소담 관찰 일지를 읽으며 이아린 관찰 일지를 떨어트렸을 때 태준이 다 봤다는 사실을 뒤늦게 알아차렸다.

"치, 안 봤다면서. 이아린 관찰 일지 다 봤네!"

그러다 갑자기 소담의 얼굴이 불그스름해졌다.

"헐 거기에 태준이 좋아한다는 말도 적어 놨는데?"

소담은 관찰 일지의 마지막 페이지를 넘겼다.

- 관찰 일지를 쓴 이유: 내가 좋아하는 사람은 '김소담'이라서.

소담의 얼굴이 아까보다 훨씬 더 붉어졌다.

"아, 더워."

소담은 공책에 적혀 있는 '김소담'이라는 이름을 바라보며 미소를 지었다. 그때, 엄마가 방문을 두드렸다.

"소담아, 밥 먹어!"

소담은 공책을 가방에 넣었다. 활짝 웃으며 방문을 열었다. 방문을 닫으려고 하다가 '소담이 방'이라고 적힌 캘리그라피를 보았다. 그리고 캘리그라피 아래 팔찌가 들어 있는 액자를 바라봤다. 엄마가 식탁에서 소담을 불렀다.

"뭐 해? 얼른 와!"

소담은 방문을 닫고 식탁으로 향했다.

"네!"

평범하고 아름다운.

소담은 이런 손우리말 뜻을 가진 자신의 이름이 더는 싫지 않았다. 이제는 참 좋았다.

가족 셋이서 영화를 본 적이 있습니다. 영화를 보는 내내 참 즐거워하시던 아버지께서는 상영관을 나서며 "2편 나오면 또 보러 오자"라고 말씀하셨습니다. 저는 그 말에 "네, 당연하죠"라고 답했습니다. 아주 평범한 대화라고 생각하면서요.

1년 뒤, 그 영화의 2편이 개봉했습니다. 저는 영화표 두 장을 예매했습니다. 왜 두 장이냐고요? 이제 아버지는 함께 영화를 보러 올 수 없게 되셨거든요. 어머니와 단둘이 객석에 앉아 1편의 후속작을 보며 깨달았습니다. 내가 평범하다고 여겼던 그 모든 순간이 사실은 무엇과도 바꿀 수 없는 소중한 시간이었다는 것을요.

저는 제가 참 평범한 사람이라고 생각했습니다. 그래서 특별해 보이는 타인을 부러워했습니다. 누군가를 동경하는 마음이 때론 스스로를 초라하게 만들더군요. 네, 맞습니다. 타인의 빛나는 점을 수집해 나에게 억지로 끼워 맞추려 애쓰던 시간들이 제게도 있었습니다. 소담이의 이야기는 평범한 나를 벗어나려 했던, 아니 억지로 자신을 잃어 가며 타인이 되려 했던 저의 부끄러운 고백이기도 합니다.

물론 누군가를 닮고 싶은 마음이 성장의 힘이 되기도 합니다. 저 또한 여전히 누군가를 존경하고 닮고 싶어 합니다. 하지만 예전과 달라진 점이 있다면, 이제는 '나 자신'을 잃지 않아야 한다는 사실을 잊지 않으려 노력한다는 것입니다.

소담이가 친구 '아린'을 계속해서 복사(Ctrl+C)하고 붙여 넣기(Ctrl+V)하다가, 결국 되돌리기(Ctrl+Z)라는 선택을 하는 과정을 쓰며 저 역시 나 자신의 소중함을 다시금 느꼈습니다. 소담이가 자신의 평범함을 보듬기로 한 결심이, 여러분에게도 스스로를 사랑할 수 있는 단단한 마음을 안겨 주기를 바랍니다.

이 작품이 여러분에게 '가장 나다울 때 가장 특별해진다'라는 것을 알려 줄 수 있으면 좋겠습니다. 평범하다고 믿었던 당신의 일상이 사실은 가장 특별하다는 사실도 꼭 기억해 주세요.

서이는 왜 그랬을까

최
하
나

최하나 소설을 주로 쓰며 10년 이내에 반려견 세 마리와 근교에서 살고 싶은 꿈이 있다. 늘 재미있는 이야기와 기획을 궁리한다.
지은 책으로 《온기를 배달합니다》《반짝반짝 샛별야학》《강남에 집을 샀어》 등이 있고, 함께 지은 책으로 《너의 MBTI가 궁금해》《내 인생의 스포트라이트》《미치거나 불안하거나》 등이 있다.

“서이가 왜 그랬다고 생각해?”

담임 서연주는 어렵사리 질문을 던졌지만 맞은편에 앉은 아이 둘은 여전히 묵묵부답이었다.

“진짜 선생님 좀 도와주라. 서이가 왜 그런 거야? 너희는 짚이는 데가 있을 것 아니야?”

“….”

“저희가 걔 마음을 어떻게 알겠어요. 그 속에 들어가 본 것도 아니고요.”

“진짜 그것밖에 할 말이 없어?”

“서이만 알겠죠. 왜 그랬는지.”

아이들은 그 말을 끝으로 허락도 기다리지 않고 일어나 상담실을 빠져나갔다. 담임 서연주는 손으로 이마를 지그시 눌러 짚었다.

그렇지 않아도 노산으로 어렵사리 낳은 늦둥이를 홀로 육아하느라 지쳐 있는 상태였다. 그 때문이었을까? 학폭위가 열릴 지경이 되기 전까지 담임 서연주는 서이와 반장의 갈등을 전혀 눈치채지 못했다. 서연주는 스스로 자격 미달이라는 생각을 하면서 자책했다. 하지만 그런다고 해서 달라지는 건 아무것도 없었다. 이제 미궁의 실타래를 어떻게 해서든 풀어 나가야 했다.

'이렇게 그냥 물러날 수는 없어.'

서연주는 부반장과 과목 부장들을 소집해 학기 초부터 지금까지 어떤 일이 있었는지 들어 보기로 했다.

"걔가 처음부터 그랬던 건 아니었어요."

먼저 입을 뗀 건 수학부장이었다. 머리를 하나로 질끈 묶고 맨 앞자리에서 공부하는 모범생. 그게 수학부장이었다. 그래서 사실 반이 어떻게 돌아가는지 잘은 몰랐지만, 반장과 제법 친한 탓에 서이가 전학을 오던 날은 기억하고 있었다.

"안녕, 잘 부탁해. 나는 천연시에서 왔고 영어를 좋아해."

"오오, 전학생!"

"전학생이 오네."

아이들은 뉴 페이스 출현에 술렁이고 있었다. 그도 그럴 것이 미정고는 전학생이 거의 없었다. 중간에 드나드는 이가 없으니 3

년 내내 같은 얼굴들만 보며 지내야 했다. 그 때문에 아이들은 서이의 전학을 제법 신선하게 받아들였다.

"자, 애들아 전학생 왔으니까 잘 알려 주고 도와줘야 해. 알았지?"

그 말을 끝으로 서연주는 부리나케 교실을 빠져나갔다. 베이비시터로부터 긴급한 전화가 왔기 때문이었다.

"그럼 저기 한 자리 비어 있으니까 가서 앉고 급식실이랑 이런 건 내가 다 안내하고 설명할게."

늘 그렇듯 담임의 부재를 메꾸는 건 반장인 채민이었다. 어른역할까지 충분히 소화해 내는 성숙한 성격에다가 공부도 제법 잘해 아이들의 신임을 얻고 있었다.

"서이야, 이따가 점심 같이 먹으러 가자. 나 말고 옆 반에 세 명 더 있거든? 걔네랑 같이 내려가자고. 애들 따라서 우르르 뛰어 내려가지 말고. 알았지?"

"응, 고마워."

서이는 볼이 발그레해져 눈을 깜빡거렸다. 이 소녀는 어쩐지 특별한 데가 있었다. 159센티미터의 작은 키에도 불구하고 긴 다리에 균형 잡힌 몸매. 맑고 초롱초롱한 눈망울에 유난히 짙은 눈썹. 하나로 올려 묶은 길지 않은 머리까지. 전반적으로 깨끗하고 순수한 느낌을 풍겼고 아이들은 첫눈에 이를 알아차렸다. 반장도 그랬다. 친해지고 싶다는 마음으로 먼저 손을 내밀었고 그걸 서이는 단

박에 받아들였다.

'어쩌면 앞으로 단짝이 될지도 모르겠어.'

채민은 그렇게 생각했다.

"우리 학교 급식은 진짜 최고야! 오죽하면 유튜브에 맨날 올리는 애도 있을까."

"유튜브에 이걸 올린다고? 대박이다."

새우튀김에 정성스럽게 부친 부추전, 아삭아삭 씹히는 무생채 그리고 맑은국. 거기에 산더미처럼 쌓인 잡곡밥까지. 특별할 것은 없지만 맛은 훌륭했다. 서바이벌 프로그램에도 나온 적이 있는 조리사 박 선생의 손맛 덕분이었다. 그 때문에 아이들은 매일 메뉴를 쇼츠로 찍어 자신의 유튜브 채널에 올리기도 했다. 서이는 아이들의 호들갑에도 별것 아닐 거라 생각하며 한 입 맛보았다가 깜짝 놀라 눈이 동그라졌다.

"그치? 맛있지?"

채민과 눈이 마주치자 서이는 빙그레 웃었다. 두 소녀는 그렇게 열심히 점심 식사를 끝마쳤다.

"근데 여기 체육은 흉내만 내지는 않네?"

"우리? 체육 샘이 좀 독특해. 건강한 몸에 건전한 정신이 깃든다고 늘 외치면서 우리한테 다큐를 맨날 보여 주거든."

"다큐를 왜 보여 줘?"

"애들이 자기 말은 안 믿는다는 거야. 체육 샘이라 체육을 열심히 하라는 걸로 오해한다고. SBS에서 방영했었나? 미국 학교에서 수업 전에 러닝머신을 뛰게 했더니 애들의 공부 효율이 막 올라갔던 다큐가 있거든. 그 실험 부분만 편집한 영상을 맨날 보여 줘. 거의 뭐 세뇌 수준이지. 그러다 보니 아이들도 열심히 하고. 나도 솔직히 처음에는 반신반의했는데 몸이 가벼워지니까 훨씬 집중도 잘되더라."

그러자 재희가 껴들어 한마디를 보탰다.

"나 맨날 앉아서 공부하느라 뱃살 장난 아니었는데 운동 열심히 하다 보니 그것도 다 들어가고 배 더부룩한 것도 없어졌어. 덕분에 앉아 있기 덜 불편해서 좋더라고."

그 말에 서이는 놀랐다. 그도 그럴 것이 서이가 다녔던 천연시 외고의 체육 수업은 모두 엎드려 자거나 자습하는 시간으로 사용할 정도로 존재감이 없었기 때문이었다. 이름만 남은 유명무실한 수업. 그래서일까? 1년 내내 축구를 토너먼트로 진행한다는 말이 더욱 놀랍게 느껴졌다. 게다가 아이들은 점심시간에도 식사를 마치고 나면 바로 공을 들고 운동장으로 뛰어나가기 바빴다. 각자 드리블 연습을 하거나 슈팅 연습을 하며 토너먼트에 진심이었다. 그 모습을 보며 서이는 혀를 내둘렀다.

'특이하구나 진짜. 뭔가 다른 게 있는 거 같긴 한데. 서울이라 그

런 건가? 더 체계적이고?'

"여기 전학생 있네?"

"네, 선생님!"

"전학 온 기념으로 한 줄 읽어 보겠어? 부담은 아니지?"

"외고에서 왔대요!"

"쉬 더즌 이븐 노 하우 투 두 댓."

짧은 문장이었지만 서이의 발음은 완벽했다. 굴려야 할 때 굴릴 줄 알았고 특히 SH 발음이 정석에 가까웠다.

"올~!"

아이들은 완벽한 새 구성원에게 진심으로 환호를 보내 주었다. 채민은 그런 서이를 돌아다보며 엄지손가락을 치켜 보였다.

'여기서도 잘 적응할 수 있겠네.'

서이는 뿌듯한 마음으로 마지막 수업까지 마치고 집으로 돌아 갔다.

"서이야, 첫날 어땠어?"

엄마가 팩을 얼굴에 올린 채로 문 사이에 서서 물었다. 하지만 서이는 알고 있었다. 진심으로 궁금해 물어보는 게 아닐 수도 있다 는 걸. 그만큼 엄마는 바빴다. 엄마는 대기업에 다니던 아빠와 올 해 초 이혼했다. 서이는 그게 참 이해가 가질 않았다. 이혼했다는 여타 집처럼 죽일 듯이 싸운 것도 아니었고, 아빠가 알코올 중독이나 도박 중독인 것도 아니었다. 둘의 이혼은 정말 너무 조용하게 일사천리로 진행되었다. 서이가 그 사실을 알게 된 건 엄마의 담담한 선언으로였다.

"우리 이제 같이 안 살아."

"왜?"

"어떤 부부는 따로 살아야 더 행복한 법이야. 그냥 그렇게 알아."

서이는 자신을 이해시켜 달라고 말하고 싶었지만 그러질 못했다. 그냥 알겠노라고 했다. 이사도 그렇게 일방적으로 이루어졌다.

"이젠 엄마가 돈을 벌어야 해. 아빠가 주는 양육비만으로는 너를 키울 수 없어. 서이가 해 달라는 거 다 해 주고 싶거든."

사실 서이는 그런 게 아니라 자신을 이해해 주고 알아주는 엄마가 필요하다는 말을 하고 싶었다. 하지만 그 말을 끝내 하지 못했다. 그렇게 천연시에서 서울로 갑작스러운 이사를 단행하게 된 것이었다. 그 후로 엄마는 오랜 경력 단절에도 불구하고 변호사 사무실에 취업하게 되었고 눈코 뜰 새 없이 바빠졌다. 서이는 그 모습을 보면서 걱정 끼치지 않고 뭐든 혼자서 열심히 해내야 한다는 생각을 했다. 다행히 전학 간 학교에서는 가능할 것 같았다. 완벽하고 멋지고 독립적인 딸이 될 수 있을 거라는 생각이 들었다.

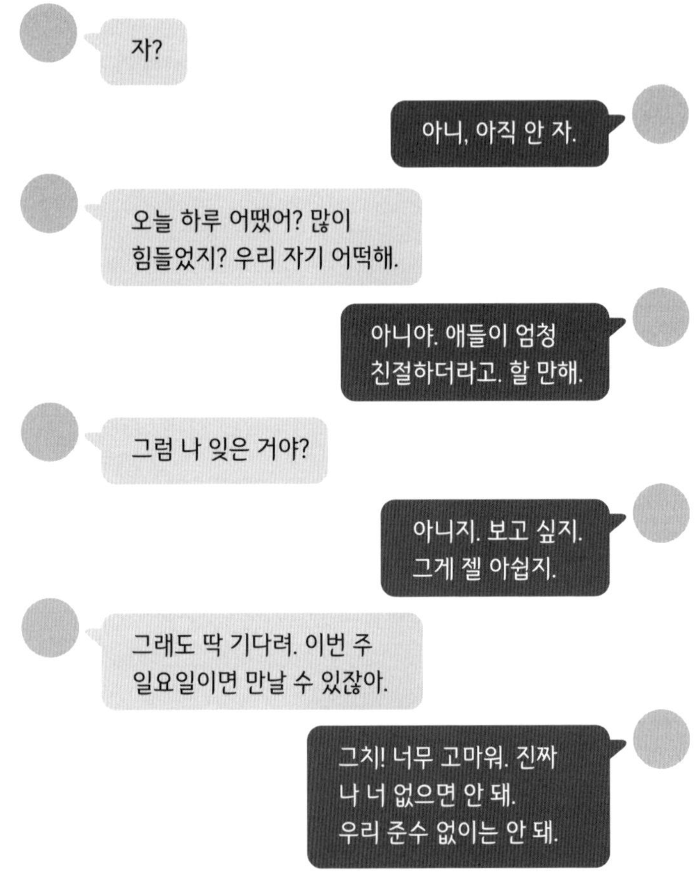

서이는 자기 전 이불 속에서 남자 친구 준수와 카톡을 주고받았다. 외고 CC로 유명한 둘이었다. 선남선녀 커플이라고 불릴 정도로 둘은 근사하게 잘 어울렸다. 180센티미터가 훌쩍 넘는 키에 그

욱한 눈매를 가지고 있는 준수를 흠모하는 후배들도 많았다. 하지만 그 옆엔 항상 서이가 있었다. 둘은 어리지만, 서로를 믿고 존중하며 흔들림 없는 사랑을 했다. 서이가 서울로 이사했어도 그 점은 달라지지 않을 거였다. 준수는 일요일마다 천연시에서 시외버스를 타고 상경할 예정이었다. 같은 학교일 때만큼 자주 보지는 못할 테지만 그래도 거리를 뛰어넘어 관계를 유지할 수 있을 거였다. 더 애틋하고 아름답게. 만나면 밥을 먹고 영화를 보고 스터디 카페에서 각자 숙제를 하다가 헤어지기로 했다. 서로의 부모님도 둘의 교제 사실을 다 알고 있었고, 사귀고 단 한 번도 성적이 떨어진 적이 없어 신뢰가 두터웠다. 서이는 준수와 멀어진다는 사실이 부담스럽기는 했으나 믿음을 잃은 적은 없었다.

'괜찮을 거야.'

새 학교에서의 첫날을 복기하고 자신을 위로하며 서이는 잠이 들었다.

*

"여기야!"

서이는 까치발을 최대한 높이 들고 손을 흔들었다. 블루종 점퍼에 청바지를 입고 하얀색 운동화를 신은 준수가 빨리 걸어오려고 하는 게 느껴졌다. 서이는 그 모습을 바라보다가 준수에게 달려가

냉큼 안겼다.

"잘 왔어!"

준수는 그런 서이의 머리를 손으로 흩트리고서는 다정한 눈빛을 보냈다. 어느새 둘은 손을 꼭 잡고 출구를 빠져나와 목적지로 향하고 있었다.

"진짜 애들 괜찮아. 학교도 좋고. 생각보다 순조로운 출발인 것 같아."

서이는 연신 미소를 띠어 가며 말을 했다. 준수가 뭐라고 답할 새도 없이. 준수는 그런 서이를 가만히 쳐다보다가 잘되었다는 뜻으로 고개를 끄덕였다. 둘 사이는 달라진 것이 없었다. 말도 많고 애교도 많은 서이와 다소 조용하고 차분한 준수였다.

"애들이 그래도 너 많이 찾는데 빨리 잊은 것 같아서 좀 섭섭하다?"

장난스레 말하는 준수에게 서이는 아니라고 손사래를 쳤다.

"설마! 전학 안 올 수 있었으면 당연히 천연시에 있지 내가 여기 왜 있겠냐! 나야말로 서운해지려고 하네. 내 진심을 오해하는 것 같아서."

서이는 삐진 척을 하며 입술을 뾰로통하게 내밀었다. 그러자 준수가 다시 머리를 쓰다듬으며 활짝 웃어 보였다. 아직 십 대인 데다가 학업을 열심히 하는 두 아이가 장거리 연애를 하며 하는 일이라고는 뻔했다. 밥을 먹고 커피를 마시고 스터디 카페에 가서 숙제하다가 헤어지는 것. 오늘은 그 코스의 시작이 될 것이었다.

"근데 여기 가격 꽤 비싸네?"

서이 뒤에 선 준수가 깜짝 놀라 말했다. 그도 그럴 것이 서이가 사는 동네는 서초구였다. 밥값이 한 끼에 못 해도 9000원이 넘었다. 천연시에서는 4000원이면 끼니를 때울 수 있었다. 많은 것이 차이가 났다.

"내가 살 거야! 네가 여기까지 와 줬으니까."

서이는 엄마의 신용 카드를 꺼내 보였다. 준수는 희미하게 웃었지만 씁쓸한 표정은 감출 수가 없었다. 둘은 오므라이스와 김치찌개를 맛있게 먹고서 스타벅스로 향했다. 천연시와 서울시가 같은 건 바로 커피값뿐이었다.

"이번엔 내가 살게. 절로 가. 절로 가 있어."

"왜 나 메뉴 고르려고 한 거야."

"그래, 그럼."

"난 블랙 티 마실래."

"블랙 티? 언제부터 그런 거 마셨어?"

"아, 친구들이 자몽 허니 블랙 티 맛있대서 몇 번 먹었는데 진짜 괜찮더라고. 준수도 그걸로 먹어."

"아냐. 난 단 건 좀 그렇고 아메리카노 마실게."

"그럼 나 창가 쪽에 자리 맡아 놓는다."

서이는 먼저 뒤돌아 창가 근처 소파에 가방을 올려놓고는 휴대
폰을 꺼내 카톡을 하기 시작했다. 준수는 주문하다가 뒤를 돌아 그
런 서이의 모습을 물끄러미 바라보았다.

'왠지 낯설어.'

준수는 금방 나온 음료 두 잔을 받은 후 웃음 띤 얼굴을 하고 서
이에게 향했다.

"근데 이번에 수행 어때?"

"엄청 빡셀 것 같아. 논술식인데 자기 생각 길게 써야 해서 쉽진
않을 듯?"

"그래? 우리 학교도 아마 비슷할 거야. 외고가 어디 가겠어?"

문제를 풀고 있는 준수를 쿡쿡 찌르며 서이가 말을 이었다. 둘
의 마지막 데이트 코스는 스터디 카페였다. 서이네 동네 사거리에
있는 건물의 한 층을 다 쓰는 대형 공간이었다. 서이는 스터디 카
페 정기권을 끊어 놓고 공부했다. 그런 서이의 지정석 옆에 시간권
을 끊고 앉은 준수는 학교 숙제에 여념이 없었다.

"근데 아직도 김 샘 여전해?"

"똑같지 뭐."

어쩐지 심드렁하게 대답하는 준수 때문에 서이는 마음이 쓰였
다. 이제 둘의 가장 큰 공동 관심사는 사라졌다. 낯선 주제들이 둘
사이를 채워야 할 터였다. 서이는 준수가 조금만 더 살갑게 대해

주기를 바랐으나 굳이 입 밖으로 소리를 내어 말하지는 않았다.

'아직은 아냐. 그래도 여기까지 와 준 게 어딘데.'

서이는 속으로 생각하다가 숙제로 눈을 돌려 다시 집중하기 시작했다.

"헤어지기 싫다. 진짜 싫다. 너무 싫다."

"어리광 그만 부리고요. 대신에 다음 주에 내가 또 오잖아."

"멀어지니까 너무 싫다. 싫다고."

서이의 눈에 눈물방울이 그렁그렁 맺혔다. 준수는 손으로 그걸 조심히 닦으며 달래 주었다. 어느덧 천연시로 떠나는 버스가 도착하고 준수가 손을 흔들며 차를 탔다. 서이는 아쉬운 마음에 준수가 앉은 자리 쪽으로 다가가 창문을 노크했다. 하지만 이어폰을 끼고 눈을 감은 준수는 서이를 보지 못했다. 이내 출발한 버스가 아주 작은 점이 될 때까지 서이는 그 모습을 바라보고 또 바라봤다.

"남자 친구는 잘 만났어?"

"응, 보긴 봤어. 근데 각자 할 거 하고 그러니까 시간이 별로 없더라고."

"그렇구나. 하긴 천연시에서 올라온 거지? 매주 그러려면 피곤하겠다."

"그래서 잘해 주려고. 내가 더 신경 써 줘야지 뭐."

"그래! 부럽다 이 녀석아."

채민이 서이의 머리를 헤드록을 걸듯 자신의 팔 사이에 서이의 머리를 끼워 넣고는 꿀밤을 먹였다. 어느덧 둘은 그런 장난을 스스럼없이 칠 정도로 가까운 사이가 되었다.

"근데 여기는 시험 많이 어려워?"

"시험? 무슨 과목?"

"다른 건 괜찮고 영어. 내 주특기잖아. 잘 봐야 하는데."

"음…. 미스 방이 좀 특이해서 시험 문제가 어려울 순 있어."

"미스 방이면 방 샘 말하는 거야?"

"응. 외국에서는 다 이름 부른다면서, 우리더러 자기를 미스 방이라고 부르라잖아."

"근데 미스 방이 왜?"

"좀 지엽적인 문제를 잘 내. 본문을 달달 외워야만 풀 수 있는 그런 거. 전치사나 생각지도 못했던 관사에 빈칸 뚫어 놓고 채우라고 하는 식? 쉽지는 않아."

"그래? 하긴 우리 학교도 그런 문제가 없지는 않았어."

"넌 잘하지 않을까? 그래도 명색이 외고 출신인데?"

그러고는 채민은 다시 서이의 머리를 팔에 끼고는 꿀밤을 먹였다.

"야야 그만해. 머리 나빠져."

서이는 웃으며 머리를 빼내려 애썼다.

"너희들, 오늘은 직업 체험 날이니까 말 잘 듣고. 알겠지?"

서연주가 조회 시간에 아이들에게 공지를 전달했다. 1년에 두 번 있는 '직업인의 날'에는 각자가 선택한 1지망과 2지망 직업군의 강의를 듣고 직접 체험도 해 볼 수 있었다. 천연시에는 없던 프로그램이라 서이는 생소했지만 이내 기대로 물들었다.

"서이는 지망을 못 써냈으니까 듣고 싶은 거 가서 들으면 되는데 어디로 갈래?"

"선생님, 제 거 같이 들을게요."

채민이 눈치를 보더니 손을 들고 말했다.

"채민이 뭐였지?"

"저 PD랑 기자요."

"그래, 그럼 채민이가 잘 안내해 줘."

"네!"

채민은 서이에게 어깨를 으쓱해 보였다.

"안녕하세요, 저는 유튜브 채널 육식 러버에서 PD 겸 편집자로 활동 중인 정성태입니다."

"와~!"

서이는 놀랍고 반가운 마음에 박수를 있는 대로 쳤다. 먹방을 좋아하는 서이가 즐겨 보던 유튜브 채널의 PD였다. 서이는 흥분을 감출 수가 없었다.

"PD의 꿈을 키우고 있는 친구가 얼마나 될까요?"

손이 연이어 올라왔다.

"오늘 수업 재밌어지겠는데요? 일단 제가 어떤 일을 하는지 소개를 좀 하고 프로그램 기획안을 한번 같이 짜 볼게요."

이날 직업인 체험을 통해 서이는 자신이 큰 도시로 전학 왔음을 더욱더 실감하게 되었다.

심드렁한 준수의 대답에 굴하지 않고 서이는 쉴 새 없이 메시지를 보냈다.

'오길 잘했어. 진짜로.'

서이는 그 생각뿐이었다.

✳

"준수야 이번 주 올라올 거지?"

몇 번이고 연락이 되지 않는 준수에게 서이는 전화를 걸었다. 마지막으로 만난 것은 무려 3주 전이었다.

"아 그게…. 수행도 있고 시험 준비도 해야 해서 이번 주에도 올라가긴 힘들 것 같네."

"진짜야?"

"음…. 응. 미안해. 진짜 다음에 꼭 올라갈게."

서이는 이상한 감정에 휩싸이며 통화를 마쳤다. 준수의 목소리는 묘하게 얼어붙어 있었다.

'설마…. 아니겠지?'

서이는 그렇게 다시 스터디 카페 안으로 들어가 공부할 준비를 했다.

"서이야, 놀라지 마. 준수 있잖아. 걔 지금 후배랑 썸 타는 거 같아."

"뭐?"

전학 오기 전 친했던 친구 민주가 전화를 걸어와 조심스럽게 말했다.

"진짜야?"

서이는 천천히 입을 떼며 반문했다.

“그런 것 같아. 내가 볼 때마다 둘이 붙어 있고…. 실은 다른 애들이 둘이 손잡고 있는 것도 봤대. 너랑 헤어진 건 아니지?”

“…아니야.”

“미안하다. 야, 근데 너도 알아야 할 것 같아서.”

“알았어. 고마워. 내가 확인해 볼게.”

서이는 전화를 끊고 나니 얼굴이 새빨갛게 달아오른 걸 느낄 수 있었다. 서이는 발을 구르며 신경질적으로 가방을 싸서 스터디 카페를 빠져나왔다.

그날 밤, 서이는 맨정신에 잠이 올 것 같지 않았다. 하지만 온몸에 벌레가 스멀스멀 기어오르는 느낌이 들어 가만히 있을 수가 없었다. 그래서 옷방으로 넘어가 안 입는 옷과 칼 하나를 가지고 돌아왔다. 보풀이 잔뜩 난 하늘색 니트. 목 부분이 늘어져 다시는 입을 수도 없는 옷이었다. 그걸 당근 모양의 커터 칼로 죽죽 긋기 시작했다. 결대로 올이 풀어지자 마음이 한결 나아지는 기분이 들었다. 서이는 좀 더 힘을 주어 박박 긁기도 했다. 옷이 다 해어져 나풀거릴 때까지 멈추지 않았다. 그리고 결국 안정이 되어 잠자리에 들 수 있었다.

*

"시험 스케줄 떴어! 서이도 확인했어?"

채민이 호들갑을 떨며 교실 앞문을 열고 들어왔다. 까치발로 콩콩 바닥을 찧으며 채근하자 서이는 휴대폰을 꺼내 학교 홈페이지에 접속했다. 공지 사항에 학과 일정으로 중간고사 기간이 나와 있었다.

21일 영어

서이의 눈에는 다른 과목은 들어오지도 않았다. 서이에겐 오직 영어뿐이었다.

'이거라도 제대로 잘 봐서 실력을 보여 주겠어.'

아직은 존재감이 크지 않은 자신의 진가를 반드시 입증하겠다는 생각이었다. 서이는 휴대폰 캘린더에 영어 시험 날을 표시하고 알람까지 설정했다.

D-20

서이는 학기 중간에 전학 온 탓에 시험 범위 앞부분을 제대로 공부하지 못했다. 그래서 프린트물을 받아 집중적으로 공부하고

1, 2과에 나오는 문법을 익히는 데 애를 썼다. 서이가 다니던 천연시 외고에서는 과마다의 중요 문법 사항을 문제로 많이 냈다. 특히 헷갈린다 싶은 내용을 꼬아 만든 문제 두세 개를 꼭 킬러 문항으로 사용했다. 하지만 서이는 그것까지도 제법 잘 해냈다. 사실 서이에게는 어렵지 않았다. 전체적인 내용을 다 알지 않아도 선생님이 수업 필기 때 표시해 준 어려운 문항과 관련된 기출문제를 많이 풀다 보면 자연스럽게 점수가 잘 나왔다.

'여기도 별거 있겠어?'

서이는 그렇게 평소처럼 시험 준비를 해 나갔다.

"서이야, 근데 학원 안 다녀도 괜찮아?"

"원래도 안 다녔잖아, 외고였는데. 이 정도는 할 수 있지."

"그래도 혹시나 해서. 필요하면 엄마가 학원 보내 줄 수 있어."

"아냐, 괜찮아요."

서이는 그렇게 아슬아슬하게 밤을 새워 가며 공부를 했다. 문제집과 기출문제지가 너덜너덜해질 때까지 반복하고 또 반복하는 걸 멈추지 않았다. 진이 빠질 정도로 공부를 하니 코피가 절로 났다. 매번 한쪽 코를 막고 솜에 손가락을 대며 피가 젖어 나오면 바꿔 끼면서까지 최선을 다했다. 만족할 만큼 공부했다고 생각하자 아직 시험을 보기도 전인데 만족스럽기까지 해 웃음이 빙그레 지어졌다.

'그래, 할 만큼 했지 뭐. 이 정도면 됐어.'

D-3

"근데 이거 뭐야?"

서이는 채민이 공부하던 모습을 물끄러미 보다가 이상한 나머지 물었다. 그도 그럴 것이 채민이는 본문에 빈칸을 잔뜩 만들어 놓고는 그 안을 채우며 내용을 달달 외우고 있었다.

"이렇게 해야 시험 잘 볼 수 있을 것 같아서."

"그걸 왜 해?"

"왜 하다니?"

"왜 그렇게 공부하느냐고. 효율적이지 않잖아."

서이가 지적을 하자 채민이 약간 고개를 갸우뚱하며 기분 상한 표정으로 서이를 바라봤다.

"아니, 본문을 외워서 어디다 써. 문법 위주로 해야지. 그래야 응용문제랑 킬러 문항을 풀 거 아니야."

"너희 학교는 그랬어? 우리 학교는 안 그래. 내가 저번에 이야기했잖아."

"그렇게 시험 보는 데가 어디 있다고. 심지어 외고도 그렇게 시험 문제 안 내는데."

그 말에 채민은 묘한 감정을 느끼며 퉁명스럽게 답했다.

“네가 맞는다면 맞는 거겠지. 마음대로 해.”

서이는 자신이 잘못했다는 사실조차 깨닫지 못한 채 뒤돌아섰다.

D-day

서이는 그날 아침부터 이상하게 배가 아팠다. 뱃속이 부글거리는 것 같아 가만히 앉아 있기 쉽지 않았다. 약을 두 알이나 먹었지만 나아질 기미가 보이지 않았다. 솔직히 여기에는 서이의 욕심이 큰 탓도 있었다. 소원한 남자 친구와의 관계에도 불구하고 흔들리지 않겠다는 마음. 지방에서 전학 왔지만, 실력이 있음을 입증하고 싶다는 욕망. 엄마가 자신을 신경 쓰지 않게 하고 싶다는 소망. 그 모든 게 합쳐져 전학 와서 처음 치르는 영어 시험에 과도한 신경이 쓰이는 거였다.

‘괜찮아. 괜찮을 거야.’

서이는 주문을 걸듯 스스로 기합을 불어넣었다. 그리고 드디어 대망의 영어 시험이 시작되었다. 이날의 시험 감독은 담임 서연주였다.

‘쟤 왜 저러지?’

이상함을 감지한 서연주는 종종걸음으로 맨 뒤에 앉은 서이에게 다가갔다. 서이는 시험지에 엑스를 미친 듯이 그리고 있었다. 말을 걸었다가는 다른 학생들에게 방해가 될까 싶어 책상을 톡톡

두 번 두드렸지만 서이는 고개를 조금도 들지 않았다. 게다가 얼굴
뿐 아니라 귀 그리고 손까지 전부 새빨갛게 변해 있었다.

'아슬아슬해 보이는데. 왜 저러지. 열나나?'

서연주는 조심스럽게 작은 목소리로 물었다.

"어디 아프니?"

그 말에도 서이는 묵묵부답이었다. 결국, 서연주는 어쩔 수 없이
교탁 앞으로 돌아와 설 수밖에 없었다. 하지만 시험 내내 서이에게
눈길이 갔다.

"얘들아 채점해 보자. 내가 답 받아 왔어."

채민이 영어 선생님에게 부탁해 답지를 가져왔다. 아이들은 가
채점을 위해서 시험지를 꺼냈다. 그리고 답을 하나씩 읽어 내려가
기 시작했다. 채점하는 동안 탄식의 목소리도 기쁨의 환호성도 터
져 나왔다. 마지막 주관식 답 맞추기를 끝으로 가채점이 끝났다.
그와 동시에 맨 뒤에서 와장창하는 소리가 터져 나왔다.

"야! 왜 그래!"

아이들이 깜짝 놀라 자리를 피하며 소리쳤다. 서이가 자신의 책
상을 발로 걷어차 넘어뜨린 것이었다. 이윽고 자신의 손이 닿는 모
든 것을 집어 던지기 시작했다.

"아악!"

"서이야, 왜 그래."

바로 앞에 앉아 있던 경이가 서이의 시험지를 빼앗아 점수를 확인하려 했다.

"내놔."

"알았어. 왜 그런지 좀 보자고."

"내애애놔아아아!"

서이는 친구의 손에 들린 시험지를 빼앗아 박박 찢기 시작했다. 그러고는 가방을 꿰어 메고 교실을 뛰쳐나갔다.

"쟤 왜 저래?"

"또라이 아니야?"

당황스러운 서이의 모습에 아이들은 입방아 찧기를 멈추지 않았다.

"자, 꼬리표 나왔습니다."

"난 싫어."

"난 안 받을래."

"난 이번에 괜찮았는데."

각기 다른 반응 속에 단 한 장의 꼬리표가 남았다. 채민은 그게 서이의 점수임을 깨닫고 순간 입을 틀어막을 뻔했다.

38점

채민은 이걸 어떻게 줘야 하나 고민하다가 어쩔 수 없이 서이의 자리로 다가가 책상 가장자리에 놓아두었다. 서이는 이미 얼굴이 빨갛게 변한 채 씩씩대고 있었다. 또다시 폭발할 태세였다. 아이들은 각자 책상을 들고 슬금슬금 움직이며 거리를 두고 있었다. 서이는 물건을 던지거나 책상을 밀치는 대신 오열하기 시작했다. 그 누구도 말릴 수 없을 정도로.

*

서이는 아침 일찍 일어나 시외버스를 탔다. 담임 선생님에게는 아파서 결석을 하겠다고 말을 해 둔 탓에 평일이지만 천연시행을 결정할 수 있었다. 더는 미루고 싶지 않았다. 서이는 빨리 제 눈으로 직접 확인해야겠다는 생각이 컸다. 그래서 준수에게도 알리지 않고 사복을 입고서 재빨리 가방을 챙겨 먼 길을 떠났다.

천연시 외국어 고등학교

학교는 서이가 기억하는 그 모습 그대로였다. 다만 지금 서이가 입고 있는 옷이 교복이 아니라는 점 그리고 이상하게 이방인이 된 것 같은 느낌이라는 점이 전과 달랐다. 서이는 교문 근처에서 까치발을 들고 서성이다가 준수에게 카톡을 보냈다.

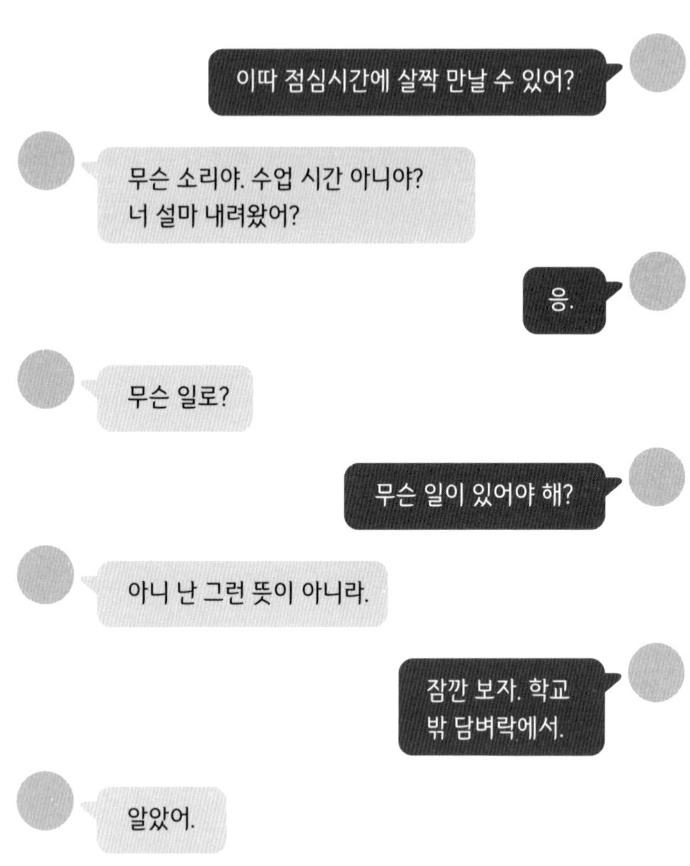

그리고 서이는 두 시간을 더 기다렸다. 점심시간을 알리는 종이 울리자 아이들이 교실에서 우르르 쏟아져 나왔다. 교문 근처에 서 있던 서이를 알아보고 아이들이 웅성대기 시작했다.

"무슨 일이야? 서이가 여길 다 왔어!"

“학교 안 갔어?”

“이리 와. 같이 밥 먹자.”

서이는 멋쩍은 미소를 보이며 거절했다. 그러고는 계속해서 이어폰으로 노래를 들으며 준수를 기다렸다. 그때 멀리서 주머니에 양손을 깊이 찔러 넣고 느릿느릿 걸어오는 준수가 눈에 보였다. 서이는 그냥 그대로 서서 손을 흔들지도 반색하지도 않고 준수를 맞이했다.

“무슨 일인데 그래. 그냥 카톡으로 하지.”

“너한테 카톡하면 열 시간 있다가 답장 오잖아.”

“그건…. 요새 시험 준비 때문에….”

“알았어. 거기까지.”

“뭘 또 거기까지야. 왜 이래 오늘.”

“너 왜 그랬어?”

“뭘?”

“너 왜 그랬냐고.”

“뭐가. 내가 뭘.”

“알잖아. 왜!”

서이 눈에 화가 서린 걸 발견하자 준수는 이내 안절부절못했다.

“왜 그랬냐고.”

“왜 그랬냐고? 나랑 가장 친한 친구이자 연인이 너였잖아. 너 가고 어땠을 거 같아? 넌 생각해 본 적 있어? 내가 너 만나러 갔을 때

넌 좋다고 적응 잘된다고 했지만 나는 아니었어. 다들 너만 찾는데 너는 여기 없어. 일요일마다 시외버스 타고 올라가는 것도 힘들었고, 만나도 기껏 할 수 있는 거라곤 같이 공부하는 것밖에 없었잖아. 그것도 다른 책으로. 우리 사이에는 접점이 없어. 난 이미 우리가 끝났다고 생각했어.”

“그럼! 그 말을! 내게 했어야지! 끝이 났든 아니든 어떻게 할 거든 내가 딴 사람한테 네가 바람났다는 소리는 듣지 않게 했어야지! 어? 내가 걔가 누군지까지 물어봐야 하니?”

“…”

“너 다시는 내 눈에 띄지 마. 카톡도 다 차단해. 그냥 쌩까고 살자.”

서이는 주먹을 세게 쥐고서 한참을 그 자리에서 씩씩대다가 돌아섰다. 그 순간 굵은 눈물 줄기가 하염없이 흘러내리기 시작했다. 때마침 시작된 갑작스러운 폭우에 쫄딱 맞으며 서이는 서울로 돌아왔다.

“딸, 괜찮아?”

“응…. 아니….”

서이는 끙끙 앓기만 했다. 감기약을 며칠이나 먹었지만, 소용이 없었다. 엄마는 걱정이 되어 서이의 머리를 몇 번 짚어 주고는 무슨 일 있으면 꼭 연락하라는 말을 남기고 늦은 출근을 서둘렀다.

서이는 열이 펄펄 나고 목이 아파 어찌할 수가 없었다. 좌로 누워도 불편하고 모로 누워도 불편하기만 했다. 이불을 덮고 있으면 식은땀이 너무 나서 견딜 수가 없었고 이불을 걷어차면 오한이 찾아왔다. 열탕과 냉탕을 오가며 서이는 그렇게 아픔을 온몸으로 받아내고 있었다. 결국, 그날 새벽 응급실에 실려 갔고 폐렴인 데다가 산소 포화도가 낮아 입원을 하게 되었다.

"서이야, 괜찮아?"

"응….."

채민이 제일 먼저 병문안을 왔다. 다른 친구들 모두 걱정하고 있다며 빨리 나으라는 말을 대신 전달했다.

"고마워."

"저…. 그리고 이거 필요할 것 같아서. 미스 방 프린트물인데 내가 너 없는 동안 수업한 거 싹 모아 왔어."

"고마워. 진짜로."

"얼른 낫기나 해."

"알았어."

"나 없는 동안 별일 없었어?"

"별일은 없고…. 그냥, 그냥….."

"무슨 일 있었구나?"

"아니 애들이 시험 날 있었던 일로 이야기를 좀 많이 해. 사실 나도 너한테 묻고 싶었는데 기회가 나질 않아서. 너 갑자기 결석하고 입원하는 바람에 뭘 물어볼 새가 있었어야 말이지."

"…나도 잘 기억 안 나."

"그래?"

"그냥 너무 당황하고 너무 화가 났던 것만 기억나."

"그래, 그럼 너무 신경 쓰지는 말고. 첫 시험이라 긴장해서 그렇지 앞으로는 잘 볼 거야."

"으응…."

그리고 채민은 손을 세차게 흔들어 보인 뒤 병실을 빠져나갔다. 서이는 채민이 넘겨준 프린트물을 물끄러미 보다가 베개 밑에 조심히 넣어 두었다.

"기말! 기말!"

"한 게 뭐 있다고 벌써 기말이야."

"시험은 재깍재깍 돌아오는 법이지."

"하나도 안 반갑다. 진짜."

"그래도 열심히 해야 하는 법이지."

"너 그 말투 그만둘 수는 없어?"

"그만둘 수는 없는 법이지."

애들 서넛이 다 같이 교실 앞문으로 들어와 기말고사 일정을 알려 주기 시작했다.

27일 영어

서이는 그 즉시 휴대폰 캘린더와 책상 앞에 놓아두었던 종이 캘린더에 빨갛게 표시를 했다. 서이는 다른 과목은 망칠지언정 영어만큼은 제대로 봐서 외고에서 전학 왔다는 명예를 이번에는 꼭 지키고자 다짐했다.

'이번엔 안 돼. 절대 안 돼.'

그때부터 서이는 쉬는 시간에도 쉬질 않았다. 점심시간에 급식실에도 가지 않고 미리 싸 온 양배추와 닭 가슴살을 먹으며 영어 공부만 했다. 아이들은 이상하다고 수군댔지만 크게 신경 쓰지 않는 눈치였다. 가끔 채민이 같이 밥을 먹자고 이야기하러 자리에 오면 고개를 들어 쓱 쳐다보고는 거절의 답만 짧게 했다.

"쟤 왜 저렇게 시험에 집착해?"

지인이 물었다.

"유난 떠는 거야. 원래 저런 애들이 더 못해."

서희는 조소하듯 말했다.

"난 이번에는 쟤랑 멀찌감치 떨어져 있으려고. 무서워서 근처에도 있기 싫어."

연이는 몸서리를 치며 서이 쪽을 한 번 쳐다봤다가 뜨악한 표정을 지었다. 정작 서이는 아이들을 조금도 신경 쓰지 않았다.

"야! 쟤 종이 먹어."

"엥?"

자습 시간에 공부하다가 미스 방의 프린트물을 구겨 입속에 넣는 서이의 모습을 발견하고는 아이들이 깜짝 놀라 말했다. 서이는 이미 완벽하게 외웠다고 생각한 페이지는 입에 넣고 오물오물 씹어 버렸다. 삼키지는 않았지만, 그 방식이 아이들에게 괴상하게 느껴지는 건 사실이었다.

"서이야, 괜찮아?"

채민이 용기를 내 서이에게 다가가 말을 건넸지만 서이는 충혈된 눈으로 채민을 빤히 쳐다보며 프린트물을 구겨 입에 넣을 뿐이었다. 더는 어찌할 방법이 없자 채민은 자리로 돌아가 앉았다. 그리고 서이 쪽을 바라보지 않으려 애를 쓰며 크게 한숨을 내쉬었다. 아이들도 수군대다가 이내 외면했다. 서이는 그날 자습이 끝날 때까지 프린트물을 입에 넣는 행동을 멈추지 않았다.

＊

"쟤 진짜 이상한 거 같아. 채민아 우리 그냥 쟤랑 안 놀면 안 돼?"

"그래도 갑자기 그러는 건 좀 그렇지 않아?"

"공부하느라 정신도 없는데 매점 같이 안 간다고 뭐라 할까?"

"나는 지난번에 걔 표정이 너무 무서워서 말도 못 걸겠더라."

채민과 단짝 셋은 입방아를 찧으며 서이를 피할 방법을 모색했지만, 결론을 내리지는 못했다. 하지만 채민은 친구들의 뜻이 워낙 확고하니 서이와 함께 다니는 건 힘들겠다는 생각을 몰래 하고 있었다.

이튿날부터 서이는 아무것도 입에 대지 않았다. 대신에 학교 운동장 스탠드에 앉아 혼자 공부를 했다. 이어폰을 끼고 집중에 도움이 된다는 음악을 크게 틀고서는 자신만의 세계에 빠져 시간을 보냈다.

"진짜 괜찮겠어?"
"괜찮아."
"그래 그럼 혹시라도 마음 바뀌면 말해? 알았지?"
채민이 서이의 상태를 다시 한번 확인했다. 하지만 서이는 요지부동이었다. 채민은 이 상황을 담임 선생님에게 알려야겠다는 생각이 들었다.

"선생님! 선생님!"
바로 뒤에 서서 고개를 내밀고 눈치를 줘 봐도 서연주는 채민을 알아차리지 못했다. 결국 채민은 서연주의 등을 툭툭 쳤다. 그제야 고개를 돌린 서연주는 기운이 없는 모습이었다.

"어? 반장. 무슨 일이야?"

"저 그게요…. 선생님 혹시 반에 급식을 안 먹는 친구가 있으면 억지로라도 같이 먹자고 끌고 가는 게 맞는 걸까요? 아니면 본인 마음을 존중해서 내버려두는 게…."

"잠깐만. 네, 시터님. 네, 아직도 열이 많이 나요? 저희 어머니가…. 채민아, 이따가 이야기 다시 나누자."

서연주는 채민을 옆에 두고 통화를 이어 갔다. 아이가 열이 심하게 나 돌봐 줄 사람도 없는데 남편은 연락이 아예 되질 않았다. 덕분에 아픈 딸 돌보는 건 전적으로 서연주의 몫이 되어 버렸다. 서연주는 미안해하며 채민을 향해 손을 흔들었고 그 모습을 본 채민이 어정쩡하게 인사를 하고서 교무실을 빠져나왔다. 채민은 어쩔 수 없다는 생각에 도리질하며 교실로 돌아왔다.

*

시험 날은 생각보다 빨리 다가왔다. 영어 시험은 시험이 있는 주의 첫날이라 아이들 모두 긴장했다. 첫 시험의 결과가 나머지 과목들에도 영향을 주는 터라 조금이라도 더 잘 봐야 했다. 모두가 같은 마음이긴 했지만 서이의 간절함은 유독 컸다.

'이번엔 잘 볼 거야. 엄마한테 당당하게 점수 보여 줄 거야.'

미스 방의 프린트물을 씹어 먹으며 외운 덕에 어떤 문제가 시험에 나올지 알 것만 같았다. 서이는 컴퓨터용 사인펜을 열 자루나 준비해 책상 위에 올려 두었다. 그리고 시험 감독관으로 옆 반 담임 이선재가 들어왔다.

"자 그럼 시험 시작하고 혹시 문제 이상한 거 있거나 하면 손을 들고 말해 줘. 선생님이 돌아다니면서 체크할 거니까. 너무 긴장하지 말고."

선생님의 안내와 함께 영어 시험이 시작되었다. 그런데 몇 문제 풀지도 못했을 무렵 서이의 배가 꾸르륵 소리를 내면서 요동치기 시작했다.

"악!"

그 소리에 아이들이 서이 쪽을 바라봤지만 이내 고개를 돌렸다. 극심한 복통이 덮쳐 서이는 움직이기조차 힘들었다. 어떻게 해서든 참아 보려 했지만, 소용이 없었다. 손을 들고 선생님께 도움을 요청했다.

"저 화장실 좀⋯."

"화장실은 미리 갔다 왔어야지. 잠깐만."

이선재는 복도에 대기하고 있던 여자 선생님을 불러 서이를 데려가게 했다. 복통은 화장실에 가서도 멈추질 않았다. 결국, 여자 선생님은 시험이 10분 남았을 무렵 서이를 교실로 다시 데려다주었다. 서이는 입술을 있는 힘껏 깨물며 안간힘을 썼지만 소용없었다. 결국 뒷부분 열 문제는 마킹을 엉터리로 해야 했다. 이미 그것만 해도 40점가량 마이너스였다.

"자 이제 걷을게. 뒤에서부터 가져와."

하지만 서이는 답안지를 붙잡고 내지 않았다.

"서이야, 가져가야 해."

서연이 서이의 답안지 모서리를 붙잡고 잡아당겼지만 역부족이었다. 서이의 힘에 끌려가다가 결국 손을 놓았다. 그런데 오히려 그 탓에 서이가 뒤로 나동그라졌다. 그와 동시에 책상 모서리에 머리를 크게 부딪혔다.

"괜찮아? 미안해."

서이는 서연을 한껏 째려보다가 답안지를 손으로 북북 찢고는 책상 위에 도로 엎드렸다. 서연은 울상이 된 채로 나머지 아이들의 답안지를 챙겨 제출했다. 그 모습을 발견한 이선재가 호통을 치며 물었다.

"너! 이름 뭐야? 어?"

"서이요. 이서이요."

"너 빵점인 건 알지? 태도가 아주 글러 먹었어. 너 담임 선생님한테 이야기할 거야. 어?"

이선재는 문을 쾅 하고 닫으며 걷은 답안지를 챙겨 교실을 나가 버렸다. 아이들은 일순간 술렁였다.

"쟤 진짜 왜 저런대?"

"유난이야 유난."

"시험이라도 잘 보면 또 몰라요."

그 말에 서이는 빽 하고 소리를 질렀다.

"악!"

아이들도 더는 놀라지 않았다. 다음 시험이 곧 시작될 시간이 되자 자연스럽게 고개를 돌리고 준비를 했다. 서이는 그렇게 그날 시험을 모두 망쳤다.

"자, 꼬리표 나왔으니까 받아 가."

드디어 기다리던 시험 결과가 나온 날, 채민은 꼬리표를 받아 아이들에게 나눠 주려 교탁 앞에 섰다. 그 순간 서이가 엄청난 속도로 달려오더니 모두의 꼬리표를 낚아채고 손으로 갈기갈기 찢어 창문 밖으로 내던졌다.

"야 미쳤어?"

아이들은 화가 나 서이를 향해 소리를 질렀다. 채민도 더는 참을 수가 없었다. 반장으로서 해야 할 일을 방해하자 그대로 둬서는 안 되겠다는 생각이 들었다.

"이서이! 뭐야, 너?"

서이는 자리로 돌아가 양손을 허리에 짚은 채로 따지는 채민을 향해 물건을 집어 던지기 시작했다. 교과서와 학용품이 허공을 가로질러 채민의 얼굴에 정통으로 날아갔다.

"아!"

눈썹 위의 약한 부분에 맞아 그 자리가 크게 찢어지며 피가 줄줄 흘러내리기 시작했다. 하지만 서이는 반성의 기미조차 보이질 않았다. 오히려 자리에 앉아 엉엉 울기 시작했다. 아이들은 채민을 부축해 양호실로 데려갔고 결국 외과에서 다섯 바늘을 꿰매야 했다.

"이서이, 잠깐 선생님 좀 보자."

이 일은 결국 담임 서연주의 귀에 들어갔고 그냥 넘어갈 사안이 아니라는 판단이 내려졌다. 서이는 서연주를 따라 상담실 안으로 들어갔다.

"서이야, 지금부터 선생님 이야기를 잘 듣고 너의 속마음을 얘기해 줘야 해. 안 그러면 우리 큰일 나. 지금 학폭위 열어야 한다는 말이 나오고 있어. 그렇게 되면 너 아주 복잡해지는 거 알지? 그리고 채민이가 이렇게까지 다쳤는데 그냥 넘어갈 수는 없어. 그러니까 이번에는 네가 나를 도와줘야 너를 돕는 게 될 거야. 무슨 이야기인지 알았지?"

하지만 서이는 여전히 묵묵부답이었다. 서연주는 인내를 가지고 충분한 시간을 주었다. 그리고 30여 분이 지났을 무렵 서이가 입을 열기 시작했다.

*

“일부러 그런 건 아니었어요. 그냥 화를 잠재우기가 너무 힘들었어요. 조급하고 답답한데 방법은 없고 그래서 그렇게 된 거 같아요….”

서연주는 서이의 등을 쓰다듬으며 위로했다.

“서울에 오면 무조건 좋을 거라고 생각했어요. 아니요, 그렇게 생각해야만 했어요. 제겐 선택지가 없었거든요. 엄마랑 아빠가 헤어지면서 서울로 와야 했고 저는 그걸 받아들여야만 했어요. 저는 사실 그냥 천연시에 있고 싶었어요. 거기서는 전부 괜찮았거든요. 저 꽤 공부도 잘하고 외모도 나쁘지 않고 뭐든 중간 이상은 하는 학생이었어요. 근데 여기 오고 나서는 남자 친구랑도 헤어지고 성적도 떨어지고 친구들과 사이도 안 좋아지고. 모든 게 곤두박질쳤어요.”

“그래…. 많이 힘들었겠구나. 선생님이 좀 더 일찍 알아차리지 못해서 미안해. 선생님도 사정이 있었는데 그렇다고 해도 너를 힘든 시간 속에 혼자 내버려두었다는 게 미안해. 진짜야.”

서이는 이제 울음 섞인 목소리로 말을 이어 나갔다.

“채민이한테는 미안해요. 근데 어느 순간 화가 나면 폭발해서 넘쳐흘렀어요. 용암이 막 분출할 때처럼요. 멈추기가 힘들었어요. 그렇게까지 다쳤다니 미안해요. 채민이한테 진심으로요.”

"그래…. 그럼 채민이한테 진심으로 사과할 수 있겠어? 반 아이들도 많이 놀란 거 같은데 그건 선생님이 잘 이야기해 볼게. 그런데 나는 우선 서이가 상담을 좀 받았으면 좋겠어. 화가 제어가 안 될 정도로 난다고 했는데, 그건 우리 둘이 그냥 이야기를 나눠서 해결될 일은 아니거든. 알지? 선생님이 어머님한테는 따로 말씀을 드릴게."

"네…."

서이의 눈에서는 여전히 굵은 눈물 줄기가 흘러내리고 있었다.

이튿날, 채민은 등교하기 위해 집을 나와 아파트 단지를 빠져나가고 있었다. 그때 익숙한 모습의 누군가가 채민을 향해 다가왔다. 서이였다.

"무슨 일이야?"

당황한 채민이 서이에게 물었다. 서이는 고개를 떨구고 답했다.

"미안해."

"미안하다고?"

채민이 되묻자 서이는 고개를 끄덕였다.

"여기까지 왜 왔어…."

마음이 약해진 채민이 말꼬리를 흐리자 서이가 다가가 덥석 손을 잡았다.

"너 다 나을 때까지 등교 같이 하고 싶어. 그래도 돼?"

서이가 천천히 입을 떼자 채민은 그 모습을 물끄러미 바라보다 고개를 끄덕였다. 그리고 둘은 처음으로 함께 등교했다.

"얘들아, 서이가 할 말이 있대. 잘 들어주고 이해해 주면 좋겠다. 그럴 수 있지?"

서연주는 조회 시간에 서이를 불러 앞으로 나와 서게 하고는 아이들에게 신신당부했다. 서이는 약간은 침통한 표정으로 자리에서 걸어 나와 교탁 앞에 서고는 크게 심호흡을 한 뒤 말하기 시작했다.

"그동안 너무 미안했어. 나도 왜 그랬는지 몰랐는데 요즘에서야 알게 됐어. 나 스스로한테 너무 화가 나고 바뀐 환경 때문에 무기력한 나머지 그랬던 것 같아. 너희한테 진심으로 미안하고 채민이한테도 미안해. 미안해, 정말로."

그리고 서이는 깊이 고개를 숙였다. 여기저기서 아이들이 웅성거리자 채민이 나서 먼저 말을 꺼냈다.

"알았어. 이해할게."

아이들도 그 모습에 고개를 끄덕이며 그럴 수도 있지 하며 이해의 뜻을 보냈다.

“자, 지금 비가 오고 있는데요. 서이 학생은 어떻게 하고 있어요?”

심리 상담사 선생님이 서이에게 그림으로 그려 보라며 펜과 종이를 건넸다. 서이는 그걸 받아 쓱쓱 그림을 그리기 시작했다. 교복을 입고 마른 여학생이 바닥에 쓰러져 있는데도 주변 사람들이 쳐다보기만 할 뿐 도와주질 않아 여학생은 결국 숨을 거둔다는 내용이었다. 심리 상담사 선생님은 서이의 설명을 들으며 심각한 표정을 지었다.

“솔직히 서이 친구처럼 그린 학생은 지금까지 없었어요. 비 오는 그림은 위급한 상황에 처해 있거나 힘든 상황에 놓여 있다는 걸 뜻하는데요. 쓸 우산도 없고 도와주는 사람도 없어서 결국 사람이 죽었다는 건 참 슬픈 메시지를 담고 있는 것 같아요. 게다가 지금 그림 속 여학생을 본인이라고 생각하는 거잖아요? 아무래도 보호자도 만나 봐야 할 것 같고요. 앞으로 우리 할 이야기가 참 많을 것 같아요….”

서이의 눈에서는 굵은 눈물이 흘러내렸다.

“선생님, 저 왔어요.”

두 번째 상담 날, 서이는 쭈뼛거리며 문을 열고 들어간 뒤 자리를 잡고 앉아 두 손을 테이블 위에 올려놓았다.

"서이 학생, 바쁜데 와 줘서 고마워요."

"아녜요."

"그럼, 우리 지난 시간에 했던 이야기를 마저 하고 이어서 대화 나눠 볼까요?"

"네."

"비 오는 날에 쓰러져 죽은 소녀 있잖아요. 서이 학생 본인을 그렇게 표현한 것 같은데 지금도 그 마음에는 변함이 없나요?"

"완전히 달라진 건 아니지만 소녀가 죽지는 않았어요. 그냥 많이 다친 것 같고 도와주려는 주변 사람들의 손길이 조금은 많아졌어요."

"그렇군요. 긍정적인 신호로 받아들여도 될까요?"

"솔직히 지난번에 선생님 말씀 듣고 저도 충격 많이 받았어요. 저 자신이 그렇게 극단적으로 생각하고 있다는 게요."

"그럴 수 있죠. 사람마다 느끼는 아픔이나 고통은 크기가 달라요. 상대적인 거예요. 그러면 우리 이번에는 키트를 한번 만들어 보죠."

"키트요?"

"어느 장소에 가면 마음이 편해요? 그런 곳이 있어요?"

"저는…. 글쎄요."

"바다가 좋을까요? 아니면 산이 좋을까요? 선호하는 곳이 있어요?”

“저 그럼 제주도요. 중학교 때 놀러 갔던 곶자왈이 너무 좋았어요.”

“그럼, 곶자왈의 모습을 빈 상자에 우선 넣어 볼게요.”

선생님은 곧바로 인터넷에서 찾은 제주도 곶자왈 풍경을 프린트해서 빈 상자 안에 넣어 두었다. 그러고는 몇 가지 종이를 꺼내 서이의 코끝에 갖다 대며 물었다.

“이건 오렌지. 이건 라임. 이건 풀꽃. 마음에 드는 향이 있나요?”

“음…. 저는 풀꽃 향이 좋아요.”

“그럼, 이것도 상자 안에 넣어 둘게요.”

그다음으로 선생님은 질감이 다른 온갖 종이들을 다 꺼내어 책상에 올려놓고는 서이가 만져 보게 했다. 서이는 뽁뽁이를 조금씩 터뜨리며 쾌감을 느꼈다. 이번에는 서이가 직접 뽁뽁이를 골라 상담 선생님께 건넸다.

“그리고 서이 학생, 이건 선물이에요. 미스트라는 건데 얼굴에 뿌리면 상쾌함을 느낄 수도 있고 주변을 환기하는 데도 도움이 많이 되어요. 이것까지 상자에 넣으면 키트는 완성입니다.”

“근데 이걸 어디에 쓰는 건가요?”

“힘들 때 화가 날 때 우울할 때 언제든 이 키트를 꺼내서 만지고 미스트를 뿌린 다음 냄새를 맡으세요. 마음이 편안해지는 데 도움이 될 거예요. 나도 하나 가지고 있답니다. 자, 이제 이거 가져가요.”

“감사합니다, 선생님.”

서이는 그 상자를 꼭 안고서는 상담실을 빠져나왔다.

*

“짜잔! 나 드디어 세수할 수 있게 되었어.”

채민이 웃으며 상처를 내보이자 서이도 희미한 미소로 답했다. 오늘은 둘이 함께하는 등굣길이다. 다행히 상처는 잘 아물어 흔적도 없었다.

“저, 서이야….”

“왜?”

“우리 이렇게 계속 같이 학교 다니면 좋겠다. 이제는 내가 너희 집으로 갈게.”

“그래? 그럴래?”

서이의 얼굴이 다시 환해졌다. 둘은 웃으며 팔짱을 끼고 가벼운 걸음으로 학교로 향했다. 둘이 함께하는 등굣길은 그 후로도 오래도록 이어졌다.

청소년 시기의 큰 고민 중 하나라면 성적을 들 수 있을 것 같네요. 그만큼 절대적인 위압감으로 찾아오는데요. 저는 다행히 그런 시기를 겪진 않았습니다. 하지만 밤 11시까지 자율 학습이라는 명목으로 종일 공부만 하던 시절이었기에 제 주변에는 그런 친구들이 많았습니다. 시험을 망쳤다 싶으면 울음부터 터뜨리거나 아니면 교실 밖으로 뛰쳐나가고 급기야 시험지를 구겨 입에 넣기도 했었죠. 〈서이는 왜 그랬을까〉는 조금 극단적인 설정에서 시작합니다만 저는 없는 일이라고 생각하지 않습니다. 다만, 비슷한 일을 겪고 있는 아이들이 서이처럼 나중에라도 조금 나아지고 안정을 찾으며 성적과 학업이 인생의 전부가 아니라는 생각을 할 수 있었으면 좋겠습니다.